Räuchern

AUTOR: ANDREAS FRITZ | FOTOS: JÖRN RYNIO

Praxistipps

- 4 Räuchern im Wok
- 6 Räuchern im Kugelgrill
- 7 Das Smokgut
- 8 Rauchgut und Räucherware
- 9 Salz und Lake
- 64 Feine Saucen

Umschlagklappe hinten:
Snacks aus dem Rauch
Kleines Räucherglossar
Das passt dazu!

Extra

Umschlagklappe vorne:
Die 10 GU-Erfolgstipps – mit Gelinggarantie
für den vollen Räuchergenuss

- 60 Register
- 62 Impressum

INHALTSVERZEICHNIS

Rezepte

10 Fisch & Meeresfrüchte

11	Gebeiztes Lachsfilet	20	Gambas mit Guacamole
12	Gebeiztes Thunfischfilet	20	Geräucherte Scampi
14	Wacholder-Schollen	23	Golden geräucherte Forelle
14	Kabeljau mit Fenchelsalat	24	Zanderfilet mit Birne
16	Gewürz-Makrele mit Vanille-Zwiebel-Butter	24	Karpfenfilets mit Ingwer
18	Grünschalenmuscheln mit Salsa verde	26	Saibling aus dem Rauch

28 Fleisch & Geflügel

29	Geräucherter Backschinken	38	Lammkoteletts
30	Burgunderschinken	38	Lauwarmes Carpaccio
30	Knusperkasseler	40	Sirloinsteak mit Salsa Chimichurri
32	Spareribs	42	Entenbrust mit Karamellapfel
35	Merguez	44	Feine Entenlebermousse
36	Würstchen Krajner Art	46	Warmgeräucherte Hähnchenkeulen
36	Maurische Spieße	46	Chickenwings

48 Veggies aus dem Rauch

49	Feuriger Schafskäse	55	Babaganoush
50	Käse im Pfeffermantel	55	Überbackene Zucchini
50	Räucherkäse-Salat	56	Kürbis mit Zimtbutter
52	Paprikaschoten mit Frischkäsecreme	56	Grillgeräuchertes Gemüse
54	Geräucherter Spargel	58	Pfirsich Melba
54	Grillgeräucherte Zwiebeln	58	Zimtzwetschgen mit Walnusseis

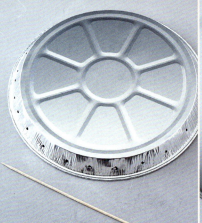

Räuchern im Wok

Mini-Räucherkammer Ideal für das Räuchern zu Hause ist der Wok. Mit wenigen Handgriffen verwandelt er sich in eine Mini-Räucherkammer für drinnen. Als Wärmequelle dient schlicht der Küchenherd. Nach dem Räuchern benutzen Sie Ihren Topf einfach wieder wie gewohnt. Eine Alternative zum Wok ist der klassische Bräter, auch er leistet zum Räuchern gute Dienste.

Zubehör Der Wok ist mit einem Gitter fast schon räucherbereit. Fehlt dieses, ersetzen Sie es einfach durch ein Kuchengitter. Alternativ schneiden Sie aus handelsüblichem Alugitter aus dem Baumarkt (Alu-Streckmetall 3 mm dick, Maschenweite ca. 5×10 mm) ein Gitter zu. Weiterhin benötigen Sie noch einen Bogen Alufolie, auf den später Holzspäne oder -mehl (Smokgut, s. S. 7) gestreut werden und eine runde Einweg-Aluschale. Sie dient als sogenanntes Prallblech, schützt die Lebensmittel, verteilt den Rauch und fängt abtropfenden Saft auf. Die Aluschale am Rand rundum mit einem Schaschlikspieß in regelmäßigen Abständen einstechen und im Zentrum etwas eindellen. Als Abstandshalter zuletzt noch drei kleine Kugeln (ca. 2 cm Ø) aus zerknüllter Alufolie formen.

Fleischthermometer Ein weiteres unverzichtbares Utensil ist das Fleischthermometer, mit dem man die Kerntemperatur messen kann. Dafür bohren Sie in den Deckel Ihres Woks ca. 2–5 cm von der Deckelmitte entfernt ein kleines Loch (4 mm Ø). Achtung: Glasdeckel nur von Fachleuten bohren lassen. Oftmals genügt es aber auch schon, den Deckelgriff für das Einsetzen des Thermometers abzuschrauben. Wer den Deckel nicht anbohren will, verwendet einen Bogen Alufolie als Deckelersatz. Sie lässt sich exakt an jeden Topf anpassen.

Gerätetest Unterschiedliche Materialien speichern unterschiedlich viel Energie. So ergeben sich je nach Wok abweichende Temperaturverläufe. Testen Sie deshalb vorab, wie stark sich Ihr Wok nach dem Abschalten der Herdplatte noch aufheizt, damit die Temperatur im Topf nicht zu hoch steigt. Beachten Sie auch unbedingt die Herstellerhinweise in der Gebrauchsanweisung Ihres Woks.

GERÄTEKUNDE WOK

Topf vorheizen Den Wok vollständig mit Alufolie auslegen und bei starker Hitze auf dem Herd vorheizen. Der Topf ist heiß genug, sobald eingesprengtes Wasser sofort verdampft. Jetzt das gewünschte Smokgut auf die Alufolie streuen und das vorbereitete Prallblech umgedreht in die Mitte des Woks setzen. Die drei Alukugeln darauflegen und das Gitter einsetzen.

Topf vorheizen

Rauchgut auflegen

Rauchgut auflegen Die je nach Rezept benötigten Zutaten auf das Gitter legen. Den Deckel schließen und das Thermometer einsetzen. Dabei darauf achten, dass der Temperaturfühler das Rauchgut auf dem Gitter nicht berührt.

Räuchern

Räuchern Den Herd auf mäßig starke Hitze schalten. Zum Warmräuchern die Temperatur im Wok auf 100° bringen. Den Topf dann von der Herdplatte nehmen und bei fallender Hitze räuchern, bis eine Temperatur von 40° erreicht ist. Zum Heißräuchern den Wok auf 70° bringen. Auf der Herdplatte stehen lassen und eine konstante Temperatur von 70° halten.

5

Räuchern im Kugelgrill

Anheizen Beheizen Sie Ihren Grill mit Holzkohle oder Briketts. Grobstückige, schwere Holzkohle (Restaurantkohle) hält stundenlang konstant die Temperatur und brennt bei offenen Zügen (Lüftungsschlitzen) mit viel Sauerstoff heißer als Briketts. Grillbriketts dagegen heizen gleichmäßiger.

Das Anzünden gelingt sicher mit einem Anzündkamin. Füllen Sie die obere Kammer mit Holzkohle oder Briketts. Holzkohle entzünden Sie mit Rapsöl-Anzündern, Grillbriketts mit speziellen Anzündwürfeln. Den Anzünder in die untere Kammer schieben und durch die seitlichen Löcher anzünden. Die Kohle oder Briketts in 15–20 Min. durchglühen lassen.

Zonen einteilen Teilen Sie Ihren Grill jetzt in zwei Zonen ein: eine mit direkter Hitze und eine mit indirekter Hitze. Direkte Hitze benötigt man zum Grillen sowie zum An- und Krossbraten, indirekte Hitze zum Räuchern und Garen.

Zum Einteilen die glühende Kohle aus dem Kamin auf eine Hälfte des Kohlerosts schütten, die zweite Hälfte frei lassen. Den Deckel schließen und den Grill auf die je nach Rezept erforderliche Temperatur bringen. Diese können Sie am Thermometer im Deckel ablesen oder alternativ mit der Hand prüfen (s. Glossar). Achten Sie darauf, dass die Züge geöffnet sind, sonst erlischt die Glut. Ist die Temperatur erreicht, das Smokgut auf die Glut legen.

Räuchern Den Grillrost einhängen und das Rauchgut auflegen. Zum Grillen bei direkter Hitze das Gargut über die Glut legen, Deckel nicht schließen. Zum Räuchern bei indirekter Hitze das Rauchgut über den Bereich ohne Glut legen und den Deckel schließen. So bleibt der heiße Rauch im Grill und das Rauchgut wird sanft geräuchert. Beim Räuchern das Rauchgut nach der Hälfte der Räucherzeit einmal um die Längsachse drehen, sodass die zuvor außen liegende Seite nun innen liegt.

Zum **Lauwarmräuchern** 3–4 Briketts oder Kohlen im Anzündkamin vorglühen. Dann zwei Briketts in eine Aluschale mit Räuchermehl legen, die restlichen Briketts als Reserve bereithalten. Die Schale auf den Kohlerost des kalten Grills stellen, Rost und Rauchgut zufügen und den Deckel schließen.

Das Smokgut

Zum Räuchern verwendet man Holzstücke, Holzchips, Späne oder Holzmehl. Sie alle werden unter dem Begriff Smokgut zusammengefasst.

Holzstücke (Chunks) und Chips Sie werden zum Heißräuchern im Kugelgrill verwendet. Stücke legt man direkt, Chips als Rauchpäckchen in die Glut. Die Chips dafür mindestens 30 Min. in einer Schale mit Wasser einweichen, dann in Alufolie wickeln und das Päckchen mehrmals einstechen.

Späne und Holzmehl Beides eignet sich für den Wok sowie zum Lauwarmräuchern im Kugelgrill.

Rauch und Aroma Rauch schmeckt ähnlich wie er riecht. Um ihn zu beschreiben, spricht man von Intensität, von Geschmack wie sauer, süß oder bitter und von spezifischen Noten wie fruchtig, harzig, holzig, scharf und teerig. Intensität, Geschmack und Note des Rauchs werden bestimmt von Menge, Art und Feuchtigkeit des Smokguts.

Holzarten Welche Holzart Sie wählen, ist reine Geschmackssache. Wenn Sie noch keine Erfahrung haben, helfen unsere Vorschläge. Sie können auch verschiedene Hölzer mischen oder bereits gemischt kaufen. Baumärkte, Anglergeschäfte und das Internet (Suchbegriff z. B. »Räuchermehl«) bieten eine breite Auswahl. Vorsicht jedoch mit unbekannten Hölzern aus Wald und Garten, sie könnten giftig sein. Natürlich auch tabu: Chemisch behandeltes Holz.
Apfel: mild, fruchtig
Birne: mild, volle, betonte Holznote
Buche: würzig, ausgewogen
Eiche: intensiv, herb-holzig
Erle: kräftig, würzig, goldene Färbung
Esche: fein-würzig, edles Aroma
Hickory: nussig-aromatisch
Tanne und Fichte: harzig-würzig bis teerig (mit kleinen Mengen beginnen)

Andere Aromageber Auf den Geschmack gekommen? Dann räuchern Sie mit Schwarztee. Seine leicht rauchige Note wird in China noch mit Reis und Zucker verstärkt. Auch getrocknete Wacholder-, Rosmarin- und Kiefernnadeln oder Kiefernharz sorgen für einen besonders würzigen Rauch. Diese Aromageber gibt's im Fachhandel und im Internet.

DIE ZUTATEN

Rauchgut und Räucherware

Rauchgut nennt man Lebensmittel, die durch Rauch zu Räucherware werden. Da sie beim Räuchern oft nur teilweise garen, ist absolute Frische oberstes Gebot. An folgenden Kriterien erkennen Sie, ob Ihr Rauchgut wirklich frisch ist.

Fisch Fangfrischer Fisch besitzt pralle, klare Augen, schillernde Schuppen, eine glänzende Haut mit durchsichtiger Schleimschicht und leuchtend rote Kiemen. Er riecht angenehm nach Meer oder Binnengewässer, jedoch nicht fischig. Bei ausgenommenen Fischen ist die Bauchhöhle sauber ausgeweidet und riecht neutral. Ganze Fische mit dicker Schleimschicht (z. B. Forellen) müssen vor dem Räuchern entschleimt werden. Dafür die Fische in einer Mischung aus 2 TL Salmiakgeist und 1 l Wasser sanft abreiben. Fische mit dünner Schleimschicht (z. B. Felchen) nur mit Salz abreiben und abspülen. Kaufen Sie Fisch am besten bereits küchenfertig oder lassen Sie ihn vom Fischhändler entsprechend vorbereiten.

Fleisch Es muss generell fest, feucht, griffig und ohne schmierigen Belag sein. Schweinefleisch besitzt eine rosa Farbe, weißes Fett und einen leicht säuerlich-nussigen Geruch. Kalbfleisch ist hellrosa, Rind- und Lammfleisch intensiv rot gefärbt. Je älter das Tier war, desto gelber ist das Fett. Wildfleisch ist intensiv dunkelrot. Rind, Lamm und Wild haben einen artspezifischen Geruch, dürfen jedoch nicht nach Verwesung riechen. Vakuumgereiftes Fleisch riecht oft stickig, kaufen Sie daher besser frisches, abgehangenes Fleisch.

Obst und Gemüse Am besten knackfrisch kaufen ohne vertrocknete Anschnitte oder braune Stellen. Achten Sie besonders auf den Geruch – er sagt meist mehr aus als Größe und Aussehen!

DIE ZUTATEN

Salz und Lake

Bevor Fleisch und Fisch in die Räucherkammer dürfen, müssen Sie eingesalzen oder gepökelt werden. Das Salz entzieht Feuchtigkeit, konserviert und verbessert den Geschmack. Doch Salz ist nicht gleich Salz.

Meersalz Grobes, naturbelassenes Meersalz erzeugt ein leicht prickelndes Gefühl auf der Zunge und schmeckt lange nicht so salzig wie Kochsalz. Es erhält zum Teil Fleischfarbstoffe (»rötet um«), die Kochsalz »vergraut«. Salzigkeit empfindet jeder anders. Daher müssen Sie die exakte Salzmenge selbst ermitteln. Als Richtwert pro Kilogramm gilt: für Fleisch und Geflügel 16–25 g Salz, für Fisch 14–18 g.

Pökelsalz (auch Nitritpökelsalz, kurz NPS) Die Mischung aus Kochsalz und Natriumnitrit erzeugt das typische Pökelaroma, verlängert die Haltbarkeit und färbt Fleisch wunderbar rot. Sie bekommen es in Metzgereien. Verwenden Sie es nur für Fleisch und Geflügel und halten Sie sich unbedingt an die Angaben in den Rezepten. Zum Aufbewahren in kindersichere Gefäße mit Warnhinweis füllen! Gepökeltes bildet beim Erhitzen über 190° schädliche Substanzen. Deshalb nicht zu häufig genießen.

Salzungsarten Bei der Trockensalzung wird Salz ins Lebensmittel eingerieben. Es fließt zum Großteil mit der austretenden Flüssigkeit wieder ab. Bei der Nasssalzung legt man das Lebensmittel in Salzlake. Bei der Schnellsalzung wird die Lake mit einer Marinierspritze (oder einer großen Injektionsspritze aus der Apotheke) in regelmäßigen Abständen von 2 cm direkt ins Gewebe eingespritzt. Zeigen sich im fertig geräucherten Fleisch graue Flecken, die Abstände beim nächsten Mal verringern und die Dauer der Salzung verlängern.

Trockensalzung

Nasssalzung

Schnellsalzung

Fisch & Meeresfrüchte

Geräucherter Fisch ist für viele der Inbegriff von Räucherware. Kein Wunder, denn sein volles Aroma ist unvergleichlich. Die folgenden Seiten zeigen, wie einfach es ist, Fisch selbst zu räuchern. Zusätzlich finden Sie herrliche Rezepte zum Räuchern von Krusten- und Schalentieren. Beginnen möchte ich aber mit einem wahren Klassiker.

Gebeiztes Lachsfilet

1 TL bunte Pfefferkörner
4 Wacholderbeeren
6 Pimentkörner
3 TL Meersalz | 1 ½ TL Rohrohrzucker
2 Lachsfilets mit Haut (à 300 g, 3 cm dick)
Außerdem
je 1 EL Buchen- und Erlenmehl

Für 4 Personen | ⊚ **20 Min. Zubereitung
12 Std. Ruhen | 25 Min. Räuchern
Pro Portion ca. 300 kcal, 30 g EW, 20 g F, 0 g KH**

1 Pfeffer, Wacholder und Piment im Mörser grob
zerstoßen. Mit Salz und Zucker mischen, ein Viertel
davon in eine Auflaufform streuen. Lachsfilets mit
Küchenpapier trocken tupfen (nicht waschen) und
mit der Hautseite nach unten darauflegen. Mit
der restlichen Würzmischung bestreuen und über
Nacht im Kühlschrank offen beizen.

2 Die Filets herausnehmen. Die Gewürze mit Küchenpapier grob abwischen und die Filets ca. 1 Std.
offen trocknen lassen.

3 Wok mit Alufolie auslegen und vorheizen. Räuchermehl einstreuen, Prallblech und Gitter darübersetzen (s. S. 5). Die Lachsfilets mit der Hautseite
nach unten auf das Gitter legen, danach den Wok
verschließen. Den Wok aufheizen, bei 100° vom
Herd nehmen und den Lachs bei fallender Hitze
20 Min. räuchern. Die fertigen Filets sind innen
noch glasig und haben eine blättrige Struktur. Die
geräucherten Filets vorsichtig mit einem Pfannenwender vom Gitter heben.

TIPP
Servieren Sie den Lachs mit frischem Brot als Vorspeise
oder leichtes Hauptgericht. Noch besser schmeckt der
Fisch, wenn Sie ihn nach dem Räuchern 1 Tag abgedeckt
und kühl ruhen lassen.

FISCH & MEERESFRÜCHTE

besonders zart | mediterran

Gebeiztes Thunfischfilet

Geräucherter Thunfisch ist eine seltene und hoch geschätzte Spezialität. Servieren Sie dazu ganz schlicht frisches Weißbrot und etwas Olivenöl zum Beträufeln.

1 Stück Ingwer (1 cm)
400 g Thunfischfilet in Sushi-Qualität
(Bonito, ca. 4 cm dick)
3 TL Meersalz
1 TL Vanillezucker
½ TL schwarzer Pfeffer
1 EL Kapern (aus dem Glas)
50 g Parmesan
½ Bund Rucola
Olivenöl
Außerdem
Küchengarn
Einweg-Aluschale
1 Handvoll Buchenspäne (ersatzweise
Tannen- oder Fichtenspäne)

Für 4 Personen als Vorspeise
45 Min. Zubereitung
12 Std. Ruhen | 1 Std. Räuchern
Pro Portion ca. 300 kcal, 26 g EW, 21 g F, 1 g KH

1 Ingwer schälen und fein reiben. Das Thunfischfilet mit Küchenpapier trocken tupfen und mit Küchengarn quer zur Faser binden (Bild 1). So lässt es sich später besser schneiden. Das Filet beidseitig mit Ingwer bestreichen. Salz, Vanillezucker und Pfeffer mischen. Ein Drittel davon in eine Auflaufform streuen. Das Fischfilet darauflegen und mit der restlichen Mischung bestreuen. Über Nacht im Kühlschrank offen beizen.

2 Den Thunfisch herausnehmen und 1 Std. offen trocknen lassen. 3–4 Kohlen vorglühen (s. S. 6). Buchenspäne in die Aluschale streuen, die Schale auf den Kohlenrost des Kugelgrills stellen und 2 heiße Kohlen hineinlegen (Bild 2). Den Rost einhängen, das Filet darauflegen und den Deckel schließen (s. S. 6). Das Filet 1 Std. bei 40–50° räuchern. Dann vorsichtig mit einem Pfannenwender vom Rost heben und abkühlen lassen.

3 Die Kapern mit 5 EL Wasser übergießen und beiseitestellen. Parmesan in Späne hobeln. Rucola waschen, trocken schütteln und die Stiele abschneiden. Die Kapern abgießen und abtropfen lassen. Den Thunfisch in dünne Scheiben schneiden und auf vier Teller verteilen. Mit Parmesanspänen, Kapern und Rucola bestreuen und mit etwas Olivenöl beträufeln (Bild 3).

GUT ZU WISSEN
Sehr gute Tiefkühl-Qualität kann eine Alternative zu frischem Thunfischfilet sein. Tauen Sie das Filet nach Packungsangabe rechtzeitig und vollständig auf. So kann es die Gewürz- und Raucharomen optimal aufnehmen.

UND DAZU?
Ein Löffel Mollica ergänzt den Thunfisch perfekt. Dafür 2 Scheiben altbackenes Weißbrot entrinden und reiben. 1 Knoblauchzehe schälen und mit 2 EL Petersilienblättchen sehr fein hacken. Alles vermischen und in 3 EL Olivenöl knusprig anrösten.

FISCH & MEERESFRÜCHTE

besonders fein | saftig

Wacholder-Schollen

1 TL schwarze Pfefferkörner
1 TL Wacholderbeeren
3 Zacken Sternanis
50 g Meersalz
20 g Rohrohrzucker
¼ Vanillestange
2 küchenfertige Schollen (à 350 g)
Außerdem
3 l-Gefrierbeutel
3 EL Erlenspäne
½ EL getrocknete Wacholdernadeln

Für 2 Personen | ⊕ 20 Min. Zubereitung
12 Std. Ruhen | 35 Min. Räuchern
Pro Portion ca. 150 kcal, 30 g EW, 3 g F, 0 g KH

1 Pfeffer, Wacholder und Sternanis im Mörser grob zerstoßen. Mit 1 l Wasser, Salz, Zucker und Vanillestange verrühren. Die Schollen mit Küchenpapier trocken tupfen, zusammen mit der Lake in den Gefrierbeutel füllen, gut verschließen und über Nacht im Kühlschrank marinieren.

2 Die Schollen aus der Lake nehmen, abtupfen und bei Raumtemperatur 1 Std. offen trocknen lassen. Wok mit Alufolie auslegen und vorheizen. Erlenspäne und Wacholdernadeln einstreuen, Prallblech und Gitter darübersetzen (s. S. 5). Die Schollen mit der Unterseite nebeneinander auf das Gitter legen und den Wok verschließen. Den Wok aufheizen, bei 90° vom Herd nehmen und die Schollen bei fallender Hitze 30 Min. räuchern. Vom Gitter nehmen, filetieren und mit Butterbrot oder Kartoffelsalat servieren.

fruchtig | zart

Kabeljau mit Fenchelsalat

4 Kabeljaufilets (à 200 g)
4 TL Meersalz | 1 EL Rohrohrzucker
1 TL grob gehackter Dill
2 TL mittelscharfer Senf | 1 Msp. Currypulver
2 Orangen | 2 Knollen Fenchel
1 Zitrone | 1 EL Olivenöl
Salz | Pfeffer
Außerdem
2 EL Eschenspäne oder -mehl

Für 4 Personen | ⊕ 25 Min. Zubereitung
3 Std. Ruhen | 30 Min. Räuchern
Pro Portion ca. 205 kcal, 36 g EW, 3 g F, 8 g KH

1 Kabeljaufilets mit Küchenpapier trocken tupfen und in eine Auflaufform legen. Mit Meersalz und Zucker bestreuen und im Kühlschrank 2 Std. offen marinieren. Den Fisch herausnehmen, Salzreste mit Küchenpapier abwischen und 1 Std. offen trocknen lassen. Dill, Senf, Currypulver und ½ TL Pfeffer verrühren und die Filets rundum damit bestreichen.

2 Wok mit Alufolie auslegen und vorheizen. Holzspäne einstreuen, Prallblech und Gitter darübersetzen (s. S. 5). Die Filets auf das Gitter legen, den Wok verschließen und auf 100° aufheizen. Dann den Herd auf schwache Hitze schalten und den Fisch bei fallender Hitze 30 Min. räuchern.

3 Orangen dick schälen und die Filets zwischen den Trennhäutchen herausschneiden. Fenchel waschen, putzen und in Scheiben schneiden. Zitrone auspressen und den Saft mit Öl, Salz und Pfeffer verrühren. Dressing, Orangen und Fenchel mischen, mit den Filets auf vier Tellern anrichten und mit Brot servieren.

FISCH & MEERESFRÜCHTE

feinwürzig | knusprig

Gewürz-Makrele mit Vanille-Zwiebel-Butter

Schlicht, aber edel – diese Kombination verwöhnt Ihren Gaumen mit einer Vielzahl verschiedener Aromen.

2 TL schwarze Pfefferkörner

6 Wacholderbeeren | 6 Pimentkörner

2 Nelken | 2 EL gelbe Senfkörner

2 Lorbeerblätter

60 g Meersalz | 4 TL Zucker

2 Bio-Zitronen

2 küchenfertige Makrelen (à ca. 500 g)

2 mittelgroße Zwiebeln

140 g weiche Butter

1 Stück Ingwer (2 cm)

½ TL extrascharfer Senf

2 Msp. gemahlene Vanille

Salz | Pfeffer | Zucker

2 säuerliche Äpfel (z. B. Braeburn, Boskop)

8 Scheiben Bauernbrot

1 TL Majoranblätter zum Dekorieren

Außerdem

3 l-Gefrierbeutel

3 EL Buchen- und Erlenspäne (gemischt)

Für 4 Personen | ⏱ 40 Min. Zubereitung
12 Std. Ruhen | 40 Min. Räuchern
Pro Portion ca. 745 kcal, 31 g EW, 46 g F, 52 g KH

1 Pfeffer, Wacholder und Piment im Mörser grob zerstoßen. Mit Nelken, Senfkörnern und Lorbeer in 1 l Wasser aufkochen, dann lauwarm abkühlen lassen. Meersalz und 4 TL Zucker im Sud auflösen. Zitronen heiß abwaschen und trocknen. Die Schale abreiben, 1 Zitrone auspressen und Schale und Saft zum Sud geben. Makrelen und Sud in den Gefrier-

beutel füllen, gut verschließen und den Fisch über Nacht im Kühlschrank marinieren.

2 Fische aus dem Sud nehmen, abtupfen und 1 Std. offen trocknen lassen. Wok mit Alufolie auslegen und vorheizen. Holzspäne einstreuen, Prallblech und Gitter darübersetzen (s. S. 5). Die Makrelen auf das Gitter legen und danach den Wok verschließen. Den Wok auf 100° aufheizen, dann den Herd auf schwache Hitze schalten und die Fische bei fallender Hitze 35–40 Min. räuchern. Die Makrelen sind gar, wenn sich ihre Rückenflosse herausziehen lässt.

3 Inzwischen Zwiebeln schälen und fein würfeln. In einer Pfanne 4 TL Butter erhitzen, die Zwiebelwürfel darin goldbraun dünsten und wieder abkühlen lassen. Die restliche Butter mit einer Gabel zerdrücken. Den Ingwer schälen und dazureiben. Zwiebelwürfel, Senf und Vanille unterrühren. Die Butter mit Salz, Pfeffer und Zucker abschmecken.

4 Äpfel schälen, vierteln und das Kerngehäuse entfernen. Jedes Viertel in fünf schmale Spalten schneiden. Die Makrelen mit einer Zange vom Gitter nehmen, filetieren und sichtbare Gräten entfernen. Die Brotscheiben mit Zwiebelbutter bestreichen. Apfelspalten und Makrelenfilets darauf anrichten. Zuletzt mit Majoran bestreuen.

VARIANTE

Schlicht und noch einfacher: Statt Zwiebelbutter nur Butter auf die Brote streichen, die Makrelenfilets darauflegen und mit Zwiebelringen bestreuen.

FISCH & MEERESFRÜCHTE

exotisch | leicht

Grünschalenmuscheln mit Salsa verde

Außerhalb unserer heimischen Muschelsaison sind die saftigen Grünschalenmuscheln eine echte Alternative zu den beliebten Miesmuscheln.

1 kg TK-Grünschalenmuscheln
(Größe medium, in den halben Schalen)
3 TL Meersalz | 2 ¼ TL Rohrohrzucker
1 Stück Ingwer (½ cm)
50 g weiche Butter
¼ TL bunte Pfefferkörner | 1 Msp. Zimtpulver
1 Bio-Limette | 3 Blättchen Koriandergrün
1 TL gehackte Petersilie
1 TL Weißweinessig
3 EL Stachelbeer-Kiwi-Konfitüre
20 Brotstücke zum Servieren
Außerdem
1 Apfel- oder Birnenholz-Chunk

Für 4 Personen als Vorspeise
⊚ 45 Min. Zubereitung
10 Min. Ruhen | 10 Min. Räuchern
Pro Portion ca. 1135 kcal, 33 g EW, 17 g F, 67 g KH

1 Die Muscheln nach Packungsangabe auftauen lassen. 300 ml Wasser, 2 ½ TL Salz und 2 TL Zucker verrühren. Die Muscheln in die Lake legen und ca. 10 Min. ruhen lassen. Danach herausnehmen und umgedreht auf Küchenpapier abtropfen lassen.

2 Ingwer schälen und fein reiben. Mit Butter, Pfeffer, Zimt und ¼ TL Zucker verrühren. Die Limette heiß abwaschen und trocknen. Die Schale abreiben und die Frucht auspressen. Die Gewürzbutter mit ½ TL Limettenschale abschmecken und eine Flocke davon auf jede Muschelhälfte setzen.

3 Die Kohle für den Kugelgrill vorglühen. Den Grill anschließend mit zwei Zonen vorbereiten und auf 135° aufheizen (s. S. 6). Die Muscheln mit der Schalenseite nach unten über die direkte Hitze auf den Rost legen und 5 Min. grillen. Dann mit einer Zange in die indirekte Hitze legen. Apfelholz-Chunk auf die Glut legen, den Deckel schließen und die Muscheln 10 Min. räuchern.

4 Inzwischen für die Salsa verde Koriander, Petersilie, Essig und Konfitüre fein mixen. Die Sauce mit Salz, Limettensaft und restlicher -schale fruchtig süß abschmecken. Die Brote damit bestreichen. Die Muscheln vom Rost nehmen und auf vier Tellern anrichten. Mit der übrigen Sauce beträufeln und zusammen mit den Broten servieren.

VARIANTE
Grünschalenmuscheln können Sie auch im Wok räuchern. Dafür das Gerät mit 2 EL Birnenspänen vorbereiten (s. S. 5). Das Muschelfleisch aus den Schalen lösen und aufs Gitter legen. Den Wok verschließen und auf 80° aufheizen. Dann den Herd ausschalten und die Muscheln bei fallender Hitze 5 Min. räuchern. Vom Gitter nehmen und in der Gewürzbutter sanft anbraten.

GUT ZU WISSEN
Grünschalen- bzw. Grünlippmuscheln ähneln den bei uns bekannteren Miesmuscheln, werden aber bis zu 25 cm groß. Sie kommen aus Aquakulturen in Neuseeland und sind völlig frei von Sand. Meist werden sie als TK-Ware in der halben Schale in Asienläden angeboten.

FISCH & MEERESFRÜCHTE

karibisch | fruchtig

Gambas mit Guacamole

250 g rohe Garnelen mit Schale
(Tiger Prawns, frisch oder TK)
1 Zwiebel | 1 Mango
1 Tomate | ¼ Salatgurke (50 g)
1 Limette | 1 Avocado
1 TL gehacktes Koriandergrün
Salz | Zucker | Chilipulver
2 EL Olivenöl | 2 Knoblauchzehen
Außerdem
4 lange Holzspieße | 2 EL Erlenmehl

Für 2 Personen als Vorspeise
⊚ 45 Min. Zubereitung | 10 Min. Räuchern
Pro Portion ca. 505 kcal, 21 g EW, 38 g F, 18 g KH

1 TK-Garnelen auftauen. Garnelen am Rücken einschneiden und Darmfaden herausziehen. Zwiebel
und Mango schälen und in Spalten schneiden. Mit
Garnelen auf Spieße stecken. Wok mit Alufolie auslegen und vorheizen. Erlenmehl einstreuen, Prallblech und Gitter darübersetzen (s. S. 5). Garnelen
auf das Gitter legen, Wok verschließen und auf 100°
aufheizen. Herd herunterschalten und Garnelen bei
fallender Hitze 10 Min. räuchern.

2 Tomate waschen, Stielansatz entfernen. Gurke
schälen. Beides würfeln. Limette auspressen. Avocado halbieren, Kern herauslösen und das Fruchtfleisch herausheben. Mit Limettensaft und Koriander pürieren. Gurke und Tomate unterheben, mit
Salz, Zucker, Chilipulver abschmecken.

3 Knoblauch schälen, halbieren und mit Öl in einer Pfanne erhitzen. Spieße bei mittlerer Hitze von
jeder Seite 1 Min. anbraten. Mit Sauce anrichten.

klassisch

Geräucherte Scampi

1 kleine Zwiebel | 2 Stängel Petersilie
6 Pfefferkörner
4 EL Weißwein
3 EL Meersalz | 1 kleines Lorbeerblatt
12 rohe Scampi mit Schale (Kaisergranate,
frisch oder TK)
1 Knoblauchzehe | 3 EL Olivenöl
Außerdem
1 Buchen-Chunk

Für 2 Personen | ⊚ 1 Std. 20 Min. Zubereitung
6 Min. Garen | 5 Min. Räuchern
Pro Portion ca. 150 kcal, 19 g EW, 8 g F, 0 g KH

1 Zwiebel schälen, Petersilie waschen und die
Pfefferkörner im Mörser grob zerstoßen. Alles mit
1 l Wasser, Wein, Salz und Lorbeerblatt aufkochen
und 10 Min. ziehen lassen.

2 Scampi kalt abspülen und abtropfen lassen. Den
Sud erneut aufkochen, die Scampi hineinlegen und
bei schwacher Hitze 6 Min. garen. Knoblauch schälen, fein hacken und mit dem Öl mischen. Die Scampi in ein Sieb abgießen und kalt abschrecken. Dann
längs halbieren und den Darmfaden entfernen. Die
Schnittflächen mit Knoblauchöl bestreichen.

3 Die Kohle für den Kugelgrill vorglühen. Den Grill
anschließend mit zwei Zonen vorbereiten, Deckel
schließen und auf 150° aufheizen (s. S. 6). Die
Scampi mit der Schnittfläche nach unten über der
direkten Hitze 30 Sek. grillen. Dann in die indirekte
Hitze legen. Buchen-Chunk auf die Glut legen, Deckel schließen und die Scampi 3–5 Min. räuchern.
Mit Quittensauce (s. S. 64) servieren.

oben: Gambas mit Guacamole | unten: Geräucherte Scampi

FISCH & MEERESFRÜCHTE

rauchig | aromatisch

Golden geräucherte Forelle

Ob schlicht als Vorspeise mit Weißbrot und etwas Meerrettich oder als Hauptgang in einer fruchtigen Suppe, selbst geräucherte Forellen sind eine Delikatesse. Alternativ eignen sich auch Saiblinge für dieses Rezept.

½ TL gelbe Senfkörner

3 Wacholderbeeren

1 ½ TL bunte Pfefferkörner

5 TL Meersalz

1 EL brauner Zucker

½ Bund Dill

1 Bio-Zitrone

2 küchenfertige Forellen (à 300 g)

Sahnemeerrettich zum Servieren (aus dem Glas)

Außerdem

3 l-Gefrierbeutel

2 EL Buchenmehl

1 TL Fichtenmehl

Für 4 Personen | ⏱ 1 Std. Zubereitung
12 Std. Ruhen | 40 Min. Räuchern
Pro Portion ca. 90 kcal, 15 g EW, 3 g F, 1 g KH

1 Senfkörner, Wacholder und Pfeffer im Mörser grob zerstoßen. Mit 700 ml Wasser, Salz und Zucker verrühren. Dill waschen, trocken schütteln und grob hacken. Zitrone heiß abwaschen, trocknen und in Scheiben schneiden. Dill und Zitrone zur Lake geben. Forellen und Lake in den Gefrierbeutel füllen, gut verschließen und über Nacht im Kühlschrank marinieren (Bild 1).

2 Die Fische herausnehmen, mit Küchenpapier außen abtupfen und 1 Std. offen trocknen lassen. Wok mit Alufolie auslegen und vorheizen. Holzmehl

einstreuen, Prallblech und Gitter darübersetzen (s. S. 5). Die Forellen auf das Gitter legen, danach den Wok verschließen (Bild 2). Den Wok auf 90° aufheizen, dann den Herd ausschalten und die Temperatur auf 60° sinken lassen. Den Wok nochmals bis 70° aufheizen. Den Herd endgültig ausschalten und die Forellen bei fallender Hitze noch ca. 10 Min. weiterräuchern. Wenn die Fische sich golden färben und ihre Rückenflosse sich herausziehen lässt, sind sie gar. Die Forellen vom Gitter heben und filetieren. Die Filets sofort mit frischem Weißbrot und einem Klecks Sahnemeerrettich servieren (Bild 3) oder für die Suppe (siehe unten) verwenden.

AUCH FEIN

Servieren Sie die geräucherten Forellen in einer Apfel-Meerrettich-Suppe. Dafür je 400 ml Apfelsaft und Brühe zusammen aufkochen. 2 Äpfel schälen und entkernen. Eine Frucht reiben und zur Brühe geben, die zweite in 5 mm große Würfel schneiden. Diese in einer Pfanne mit 1 TL Butter und ½ TL Vanillezucker leicht karamellisieren. Beiseitestellen. Ein Stück Meerrettich (3–4 cm oder 2 TL Meerrettich aus dem Glas) schälen und fein reiben, 100 g Sahne steif schlagen. Nach Belieben 2–4 cl Calvados zur Brühe geben. Diese mit dem Pürierstab aufschäumen, Meerrettich und Sahne unterziehen. Die Suppe mit Salz und Apfelessig abschmecken. Die Apfelwürfel in vier Suppenteller verteilen und die Suppe angießen. Die geräucherten Forellenfilets in Stücke teilen und darauf anrichten. Mit Kerbel bestreuen.

23

FISCH & MEERESFRÜCHTE

erlesen | aromatisch

Zanderfilet mit Birne

2 TL Salz | ½ TL Rohrohrzucker
½ TL schwarzer Pfeffer
600 g Zanderfilet
½ Birne (z. B. Williams-Christ)
1 TL Wasabipulver (aus dem Feinkostregal)
Salz | Zucker
1 Eiweiß
Außerdem
2 EL Erlenmehl | 4 Wacholderbeeren

Für 4 Personen | 🕐 20 Min. Zubereitung
3 Std. Ruhen | 20 Min. Räuchern
Pro Portion ca. 155 kcal, 31 g EW, 3 g F, 2 g KH

1 Salz, Zucker und Pfeffer mischen. Zanderfilet mit Küchenpapier trocken tupfen, auf ein Küchenbrett legen und mit der Würzmischung bestreuen. Das Brett schräg in eine Auflaufform legen, damit die entstehende Lake abfließen kann. Das Filet im Kühlschrank 2 Std. offen marinieren. Dann herausnehmen, abtupfen und 1 Std. offen trocknen lassen.

2 Wok mit Alufolie auslegen und vorheizen. Erlenmehl und Wacholder einstreuen, Prallblech und Gitter darübersetzen (s. S. 5). Fisch auf das Gitter legen, danach den Wok verschließen und auf 70° aufheizen. Das Filet 20 Min. bei konstant 70° räuchern.

3 Backofengrill auf 220° vorheizen. Birne schälen, entkernen und grob reiben. Mit Wasabi, Salz und Zucker abschmecken. Das Eiweiß steif schlagen und unter die Birnenraspel heben. Den Zander vom Gitter nehmen und in eine Auflaufform legen, mit der Masse bestreichen und im Ofen (oben) 2–4 Min. überbacken. Dazu passen Butterkartoffeln.

knusprig | würzig

Karpfenfilets mit Ingwer

3 ½ TL Meersalz | 1 TL Rohrohrzucker
2 Karpfenfilets mit Haut (à 350 g)
1 Stück Ingwer (2 cm) | 1 Knoblauchzehe
Pfeffer | 3 EL Mehl | 2 Eier
200 g Semmelbrösel | 4 EL Öl
Außerdem
2 EL Eschenmehl

Für 4 Personen | 🕐 40 Min. Zubereitung
3 Std. Ruhen | 15 Min. Räuchern
Pro Portion ca. 540 kcal, 41 g EW, 22 g F, 43 g KH

1 Salz und Zucker mischen, 1 TL davon auf ein Küchenbrett streuen. Karpfenfilets trocken tupfen, darauflegen und mit der restlichen Würzmischung bestreuen. Brett schräg in eine Auflaufform legen, damit die Lake abfließt. Die Filets im Kühlschrank 2 Std. offen marinieren. Herausnehmen, abwischen und den Fisch 1 Std. offen trocknen lassen.

2 Wok mit Alufolie auslegen und vorheizen. Eschenmehl einstreuen, Prallblech und Gitter darübersetzen (s. S. 5). Die Filets auf das Gitter legen, den Wok verschließen und auf 70° aufheizen. Die Filets 15 Min. bei konstant 70° räuchern. Ingwer schälen und reiben. Knoblauch schälen und durch eine Knoblauchpresse drücken, beides mischen.

3 Den Karpfen vom Gitter nehmen und abkühlen lassen. Beidseitig dünn mit der Ingwerpaste bestreichen, pfeffern und mit Mehl bestäuben. Eier verquirlen. Die Filets zuerst in Ei, dann in Semmelbröseln wenden. Öl in einer Pfanne erhitzen und die Filets darin goldbraun braten. Auf Küchenpapier abtropfen lassen und servieren.

links: Zanderfilet mit Birne | rechts: Karpfenfilets mit Ingwer

FISCH & MEERESFRÜCHTE

zart | delikat
Saibling aus dem Rauch

Der Saibling ist ein exzellenter Speisefisch. Sein helles, delikates Fleisch macht ihn zu einem wahrhaft königlichen Genuss.

2 TL schwarze Pfefferkörner
1 EL gelbe Senfkörner
70 g Meersalz
2 EL brauner Zucker
3 kleine Zweige Thymian
2 küchenfertige Saiblinge (à 350 g)
Außerdem
3 l-Gefrierbeutel
je 2 Handvoll Buchen- und Erlen-Chips

Für 2 Personen | ⊚ 1 Std. 30 Min. Zubereitung
12 Std. Ruhen | 45 Min. Räuchern
Pro Portion ca. 265 kcal, 48 g EW, 8 g F, 0 g KH

1 Pfeffer- und Senfkörner im Mörser grob zerstoßen. Beides mit 1 l Wasser, Salz und Zucker verrühren. Den Thymian waschen und in die Lake geben. Saiblinge und Lake in den Gefrierbeutel füllen, diesen gut verschließen und die Fische über Nacht im Kühlschrank marinieren.

2 Die Fische herausnehmen, mit Küchenpapier außen abtupfen und 1 Std. offen trocknen lassen. Inzwischen die Holz-Chips 30 Min. in Wasser einweichen. Die Kohle für den Kugelgrill vorglühen. Den Grill anschließend mit zwei Zonen vorbereiten, Deckel schließen und auf 80° aufheizen (s. S. 6).

3 Aus den Holz-Chips ein Rauchpäckchen packen (s. S. 7) und auf die Glut legen. Die Saiblinge in die indirekte Hitze auf den Rost legen, den Deckel schließen und ca. 45 Min. räuchern. Wenn die

Fische sich golden färben und die Rückenflosse sich herausziehen lässt, sind sie gar. Die Saiblinge vom Gitter heben und filetieren.

UND DAZU?
Zu den Saiblingen passt am besten ein Kartoffel-Gurken-Salat. Dafür 600 g Kartoffeln in Wasser garen. Abgießen, kurz ausdampfen lassen, schälen und zugedeckt abkühlen lassen. ½ Salatgurke schälen und in 1 cm große Würfel schneiden. ½ Bund Dill, 6 Stängel Kerbel und 4 Stängel Petersilie waschen und trocken schütteln. Einige Dillspitzen beiseitelegen, den Rest mit Kerbel und Petersilienblättchen fein hacken. 200 g saure Sahne mit etwas Zitronensaft, 2 EL Olivenöl, Zucker, Salz, Pfeffer und Cayennepfeffer würzen. Die Kräuter einrühren. Die Kartoffeln in mundgerechte Stücke schneiden, mit den Gurken auf zwei Tellern anrichten und mit dem Dressing beträufeln. Die Fischfilets daraufsetzen und mit den Dillspitzen dekoriert servieren.

AUSTAUSCH-TIPP
Dieses Rezept eignet sich auch wunderbar für Felchen und andere Vertreter aus der Gruppe der Maränen, alles ausgezeichnete Speisefische. Wie Saibling und Forelle gehören sie zur Gruppe der Lachsartigen. Leider sind die Maränen vielerorts überfischt. Kaufen Sie deshalb nur Fische aus Gewässern mit kontrollierten Beständen oder aus Zuchtbetrieben.

Fleisch & Geflügel

Heißgeräucherter Schinken, Würstchen oder Entenbrust aus der hauseigenen Mini-Räucherkammer – was gibt es Besseres, um Fleischfans glücklich zu machen. Saftig zart und würzig duftend kommen die Stücke frisch geräuchert aus Wok und Kugelgrill. Da findet garantiert jeder schnell sein Lieblingsgericht.

Geräucherter Backschinken

180 ml Apfelsaft | 75 g Salz
1,4 kg Schweinebraten mit Schwarte
1 Zwiebel | 2 Knoblauchzehen
½ l Weißbier
je ½ TL Kümmelsamen, getrockneter Majoran
und Pfeffer
Außerdem
Mariniersspritze | 3 l-Gefrierbeutel
2 EL Buchenmehl

Für 6 Personen | ◎ 2 Std. Zubereitung
12 Std. Ruhen | 30 Min. Räuchern
Pro Portion ca. 680 kcal, 40 g EW, 53 g F, 3 g KH

1 Saft, 300 ml Wasser und Salz verrühren. Braten
in eine Schüssel legen und die Lake mit der Marinierspritze im Abstand von 2 cm ins Fleisch einspritzen. Braten und abgeflossene Lake im gut
verschlossenen Gefrierbeutel über Nacht im Kühlschrank marinieren.

2 Das Fleisch herausnehmen und die Schwarte mit
5 mm Abstand kreuzweise 3–4 mm tief einritzen.
Offen 1 Std. trocknen lassen. Den Wok mit Alufolie
auslegen und vorheizen. Buchenmehl einstreuen,
Prallblech und Gitter darübersetzen (s. S. 5). Braten
auf das Gitter legen, den Wok verschließen und auf
70° aufheizen. Das Fleisch im heißen Wok 30 Min.
bei konstant 70° räuchern.

3 Backofen auf 200° (keine Umluft) vorheizen.
Das Fleisch mit der Schwarte nach oben in einen
Bräter setzen. Zwiebel und Knoblauch schälen,
vierteln und zufügen. Braten im Ofen (Mitte) 15 Min.
braten. Bier und Gewürze zugeben. Ofen auf 135°
schalten und das Fleisch 1 Std. 10 Min. garen.
Backofen auf 220° Grillfunktion stellen und den
Braten in ca. 5 Min. knusprig grillen. Den Braten in
Scheiben schneiden. Die Sauce durch ein Sieb in
einen Topf gießen und bei mittlerer Hitze auf die
Hälfte einkochen. Zum Braten reichen.

FLEISCH & GEFLÜGEL

saftig | fein

Burgunderschinken

65 g Pökelsalz (NPS)
1 TL brauner Zucker
1,2 kg Schweinenuss
¼ l Rotwein (z. B. Burgunder)
1 TL schwarze Pfefferkörner
1 Lorbeerblatt
4 Wacholderbeeren
Außerdem
Marinierspritze | 3 l-Gefrierbeutel
2 EL Buchenmehl | 1 TL Wacholdernadeln

Für 6 Personen | ⏲ 1 Std. 40 Min. Zubereitung
12 Std. Ruhen | 30 Min. Räuchern
Pro Portion ca. 300 kcal, 44 g EW, 3 g F, 0 g KH

1 Pökelsalz und Zucker in 400 ml Wasser auflösen. Die Hälfte der Lake mit der Marinierspritze im Abstand von 2 cm ins Fleisch einspritzen. Fleisch mit restlicher Lake und Wein im gut verschlossenen Gefrierbeutel über Nacht im Kühlschrank marinieren.

2 Das Fleisch herausnehmen (die Lake aufbewahren), mit Küchenpapier trocken tupfen und 1 Std. offen trocknen lassen. Wok mit Alufolie auslegen und vorheizen. Buchenmehl und Nadeln einstreuen, Prallblech und Gitter darübersetzen (s. S. 5). Das Fleisch auf das Gitter legen, danach den Wok verschließen und auf 70° aufheizen. Das Fleisch 30 Min. bei konstant 70° räuchern.

3 Kurz vor Ende restliche Lake mit 1 l Wasser, Pfeffer, Lorbeer und Wacholder in einem großen Topf auf 78–81°erhitzen. Das Fleisch vom Gitter nehmen, in den Sud legen und bei 78–81° ca. 1 Std. 10 Min. brühen. Dazu schmeckt Kartoffelsalat (s. S. 26).

knusprig | edel

Knusperkasseler

40 ml Apfelsaft | 5 ½ TL Meersalz
800 g ausgelöster Schweinerücken (Lachse)
3 EL Walnusskerne | 1 Zwiebel
50 g Aprikosenmarmelade | 1 Ei
1 Rolle Blätterteig (270 g, aus dem Kühlregal)
Außerdem
Marinierspritze | je 1 EL Buchenmehl

Für 4 Personen | ⏲ 1 Std. 45 Min. Zubereitung
12 Std. Ruhen | 30 Min. Räuchern
Pro Portion ca. 690 kcal, 48 g EW, 36 g F, 34 g KH

1 Apfelsaft, 160 ml Wasser und Salz verrühren. Die Lake mit der Marinierspritze im Abstand von 2 cm ins Fleisch einspritzen. Den Schweinerücken über Nacht im Kühlschrank marinieren.

2 Das Fleisch herausnehmen, trocken tupfen und 1 Std. offen trocknen lassen. Nüsse fein hacken. Zwiebel schälen, fein würfeln. Beides mit der Marmelade mischen. Wok mit Alufolie auslegen und vorheizen. Buchenmehl einstreuen, Prallblech und Gitter darübersetzen (s. S. 5). Das Fleisch auf das Gitter legen, den Wok verschließen und auf 80° aufheizen. Das Fleisch 30 Min. bei konstant 80° räuchern.

3 Backofen auf 200° vorheizen, ein Backblech mit Backpapier belegen. Ei trennen. Blätterteig entrollen, mit der Aprikosenmasse bestreichen und rundum 2 cm Rand lassen. Diesen mit Eiweiß bestreichen. Das Fleisch in den Teig einschlagen. Die Naht festdrücken, seitlich überstehenden Teig nach unten falten. Die Rolle aufs Blech legen und mit Eigelb bepinseln. Im Ofen (Mitte, Umluft 180°) ca. 50 Min. backen. Herausnehmen und 10 Min. ruhen lassen, dann aufschneiden.

FLEISCH & GEFLÜGEL

pikant | für Liebhaber

Spareribs

Mit geräucherten Spareribs oder Baby-Backribs wie abgebildet überzeugen Sie selbst echte BBQ-Fans! Der Trick: eine einzige Sauce zum Bestreichen und Servieren.

je 1 TL Knoblauch- und Zwiebelgranulat
1 ½ EL süßes ungarisches Paprikapulver
2 EL Salz
2,5 kg fleischige Schweinerippen am Stück
2 ½ EL Senf
4 EL Rohrohrzucker
½ TL Thymianblätter
1 TL gemahlener Kreuzkümmel
1 TL gemahlenes Piment
1 TL Pfeffer
1 Zwiebel | 2 Knoblauchzehen
180 g Tomatenmark
½ l ungefiltertes Bier
2 EL Weißwein- oder Apfelessig
Chilipulver | 4 cl Apfelsaft
Salz | Pfeffer | Rohrohrzucker
Außerdem
4 Hickory-Chunks

Für 6 Personen
◎ 1 Std. Zubereitung | 5 Std. Räuchern
Pro Portion ca. 800 kcal, 41 g EW, 59 g F, 14 g KH

1 Für den Kugelgrill ½ Kamin Grillbriketts vorglühen. Für die Würzmischung Knoblauch- und Zwiebelgranulat, Paprikapulver und Salz mischen. Die Rippen gerade zuschneiden und die Abschnitte beiseitelegen. Die Knochenhaut mit einem scharfen Messer mehrfach kreuzweise einritzen (Bild 1). Die Rippen rundum mit Senf bestreichen, mit Zucker und 2 EL Würzmischung bestreuen. Thymian, Kreuz-

kümmel, Piment und Pfeffer in die restliche Würzmischung rühren und abgedeckt beiseitestellen.

2 Den Grill mit zwei Zonen vorbereiten. Dafür 1 Kamin kalte und darauf die vorgeglühten Grillbriketts verteilen. Deckel schließen und auf 120° aufheizen (s. S. 6). Zwiebel und Knoblauch schälen und würfeln. Mit den Fleischabschnitten, Tomatenmark, Bier, Essig und etwas Chilipulver in einem ofenfesten Topf verrühren. Den Topf über die direkte Hitze stellen, die Ribs in die indirekte Hitze legen. Den Grilldeckel schließen und das Rippenstück 30 Min. bei 110°–125° garen.

3 Dann das Rippenstück rundum mit der Sauce bestreichen (diese vorher evtl. mit 100 ml Wasser verdünnen) und den Deckel wieder schließen. Diesen Vorgang alle 30 Min. wiederholen. Dabei jede Stunde 1 Chunk auf die Glut legen. Sobald es goldbraun ist, das Fleisch auf einen großen Bogen Alufolie legen (Bild 2). Apfelsaft zugießen und zu einem Päckchen falten. Das Päckchen weiterräuchern, bis nach ca. 1 Std. die Knochen hervortreten. Die Ribs auspacken, die Bratflüssigkeit zur Sauce gießen und noch 1 Std. wie oben beschrieben bei geschlossenem Deckel weiterräuchern und währenddessen zweimal mit Sauce bepinseln.

4 Die übrige Würzmischung in die Sauce rühren. Mit Chilipulver, Salz, Pfeffer und Zucker abschmecken und 5 Min. ziehen lassen. Ribs zum Servieren mit der Sauce überziehen und in einzelne Rippchen teilen (Bild 3). Restliche Sauce dazureichen.

FLEISCH & GEFLÜGEL

orientalisch | feurig

Merguez

Saftiges Lamm- und Rindfleisch mit orientalischen Gewürzen machen diese Bratwürste zu einem Highlight der nordafrikanischen Küche. Stilecht gibt's dazu Harissa.

2 Zwiebeln | 5 Knoblauchzehen
1 TL gemahlener schwarzer Pfeffer
1 TL gemahlener Kreuzkümmel
1 TL gemahlener Koriander
2 EL edelsüßes Paprikapulver
1 EL scharfes Paprikapulver
½ TL Zimtpulver
4 TL Meersalz
2 TL Rohrohrzucker
500 g Rindfleisch (leicht durchwachsen)
500 g durchwachsenes Lammfleisch
(Brust, Bauch, Wamme)
3 EL Essig
Öl zum Braten | Harissa zum Servieren
Außerdem
2 m Saitling Kaliber 22/24 (vom Metzger)
Trichter | Spritzbeutel mit 13-mm-Lochtülle
Zahnstocher
4 TL Buchenmehl

Für 4 Personen
🕐 45 Min. Zubereitung | 30 Min. Räuchern
Pro Portion ca. 485 kcal, 43 g EW, 31 g F, 10 g KH

1 Zwiebeln schälen und fein würfeln. Knoblauch schälen und durch die Knoblauchpresse drücken. Pfeffer, Kreuzkümmel, Koriander, Paprikapulver, Zimt, Salz und Zucker mischen. Fleisch in Streifen schneiden. Mit Zwiebeln, Knoblauch, Gewürzmischung und Essig in einer Schüssel mischen.

2 Das Fleisch durch einen Fleischwolf (3 mm Lochdurchmesser) drehen. Das entstandene Brät 5 Min. kneten, bis es Bindung bekommt (Bild 1). Den Saitling mit Wasser spülen, an einem Ende öffnen und über den Trichterauslauf ziehen. So viel wie möglich auf den Trichter streifen und das freie Ende vor dem Auslauf verknoten (Bild 2). Das Brät in den Spritzbeutel füllen und die Tülle fest in den Trichter drücken. Den Spritzbeutel zudrehen, sodass das Brät in den Saitling gepresst wird. Den Saitling so locker füllen (Bild 3), dabei eventuell entstehende Luftblasen einzeln mit dem Zahnstocher anstechen. So kann die Luft beim nachfolgenden Abdrehen entweichen. Aus dem Wurststrang mit Daumen und Zeigefinger 12 cm lange Würstchen abdrücken und einzeln gegenläufig abdrehen, bis sie prall werden.

3 Wok mit Alufolie auslegen und vorheizen. Buchenmehl einstreuen, Prallblech und Gitter darübersetzen (s. S. 5). Wurststrang zu einer Spirale aufrollen und auf das Gitter legen (Bild 4). Danach den Wok verschließen, auf 70° aufheizen und die Würstchen 30 Min. bei konstant 70° räuchern.

4 Den Wurststrang in die einzelnen Würstchen teilen. Diese in der Pfanne mit etwas erhitztem Öl rundum anbraten oder bei mäßig starker Hitze 8 Min. grillen. Mit Harissa servieren (Bild 5).

UND DAZU?
Zu den Merguez passt ein orientalisch gewürzter Couscous- oder Bulgursalat sehr gut.

FLEISCH & GEFLÜGEL

knackig | würzig

Würstchen Krajner Art

2 Knoblauchzehen
150 g Emmentaler am Stück
750 g Lyonerbrät (vom Metzger)
500 g gemischtes Hackfleisch
2 ½ TL Pökelsalz (NPS)
je 2 TL süßes und scharfes Paprikapulver
je ½ TL gemahlener Kümmel und Pfeffer
½ TL Zucker
1 Msp. gemahlene Muskatblüte
50 ml kalte Milch
Außerdem
2 m Saitling Kaliber 24/26 (vom Metzger)
Trichter | Spritzbeutel mit 13-mm-Lochtülle
Zahnstocher | 4 EL Buchenmehl

Für 4 Personen | 🕐 30 Min. Zubereitung
30 Min. Räuchern | 20 Min. Brühen
Pro Portion ca. 1085 kcal, 60 g EW, 94 g F, 3 g KH

1 Knoblauch schälen und durch die Knoblauchpresse drücken. Käse entrinden und in 5 mm große
Würfel schneiden. Knoblauch, Käse, Brät, Hackfleisch, Pökelsalz, Paprikapulver, Kümmel, Pfeffer,
Zucker, Muskatblüte und Milch verkneten. Die
Brätmasse in den Saitling füllen und zu ca. 10 cm
langen Würstchen abdrehen (s. S. 35).

2 Wok mit Alufolie auslegen und vorheizen. Holzmehl einstreuen, Prallblech und Gitter daraufsetzen
(s. S. 5). Würstchenstrang zu einer Spirale aufrollen
und auf das Gitter legen. Wok verschließen, auf 70°
aufheizen, die Würstchen 30 Min. bei konstant 70°
räuchern. In einem großen Topf Wasser erhitzen,
die Würstchen darin bei 78°–81° 20 Min. brühen.
Heiß servieren oder kalt abschrecken und grillen.

orientalisch | herzhaft

Maurische Spieße

1 große Zwiebel | 6 Tomaten
4 EL Rotweinessig | 6 EL Olivenöl
3 TL Salz | Pfeffer
800 g durchwachsenes Schweinefleisch
3 EL edelsüßes Paprikapulver
1 ½ TL gemahlener Kreuzkümmel
1 TL Zucker | ½ TL Chilipulver
Außerdem
8 lange Holzspieße | 2 EL Hickory-Chips

Für 4 Personen | 🕐 50 Min. Zubereitung
15 Min. Räuchern | 10 Min. Grillen
Pro Portion ca. 665 kcal, 36 g EW, 54 g F, 7 g KH

1 Spieße und Chips 30 Min. wässern. Die Kohle
für den Kugelgrill vorglühen. Grill anschließend mit
zwei Zonen vorbereiten, auf 180° aufheizen (s. S. 6).

2 Inzwischen Zwiebel schälen und halbieren. Zwie-
belherz herauslösen und in Scheiben schneiden. Tomaten waschen und achteln. Essig, 2 EL Öl, 1 TL Salz
und Pfeffer zu einer Vinaigrette verrühren. Tomaten
und Zwiebelscheiben unterheben. Die äußeren Zwie-
belschichten in 3 cm große Stücke schneiden. Fleisch
in 3 cm große Würfel schneiden. Mit 4 EL Öl, Paprikapulver, Kreuzkümmel, Zucker, Chili, 2 TL Salz und
½ TL Pfeffer mischen. Die Fleisch- und Zwiebelstücke
abwechselnd auf die Spieße stecken.

3 Die Spieße auf dem Grill über der direkten Hitze
in ca. 8 Min. rundum goldbraun anbraten. Danach
in die indirekte Hitze legen. Hickory-Chips in ein
Rauchpäckchen packen (s. S. 7) und auf die Glut
legen. Deckel schließen und die Spieße 5–7 Min.
bei 180° räuchern. Vom Rost nehmen, halbieren
und mit dem Tomatensalat anrichten.

oben: Würstchen Krajner Art | unten: Maurische Spieße

FLEISCH & GEFLÜGEL

zart | raffiniert

Lammkoteletts

1 kleiner Zweig Rosmarin
1 Knoblauchzehe
10 grüne Pfefferkörner (aus dem Glas)
1 EL scharfer grober Senf
2 EL Olivenöl
2 TL Salz | ½ TL Rohrohrzucker
1 Lammkarree (ca. 750 g, pariert)
Außerdem
1 Handvoll Apfelholz-Chips
1 TL getrocknete Rosmarinnadeln

Für 4 Personen | 🕐 1 Std. Zubereitung
2 Std. Ruhen | 15 Min. Räuchern
Pro Portion ca. 290 kcal, 18 g EW, 24 g F, 1 g KH

1 Rosmarin waschen, trocken schütteln und die Nadeln fein hacken. Knoblauch schälen und in feine Stifte schneiden. Pfefferkörner mit einer Messerklinge zerdrücken. Rosmarin, Knoblauch, Pfeffer, Senf, 2 EL Öl, Salz und Zucker verrühren. Das Fleisch rundum mit der Paste bestreichen, in Frischhaltefolie wickeln und 1 Std. bei Raumtemperatur marinieren.

2 Apfelholz-Chips 30 Min. in Wasser einweichen. Die Kohle für den Kugelgrill vorglühen. Den Grill anschließend mit zwei Zonen vorbereiten und auf 150° aufheizen (s. S. 6). Das Fleisch auswickeln und auf dem Grill über der direkten Hitze in ca. 5 Min. goldbraun anbraten. Danach in die indirekte Hitze legen. Aus Chips und Rosmarin ein Rauchpäckchen packen (s. S. 7) und auf die Glut legen. Den Deckel schließen und das Fleisch 5–7 Min. räuchern. In Alufolie wickeln, 5 Min. ruhen lassen, in Rippchen teilen und mit Fladenbrot und Bohnensalat servieren.

klassisch | besonders zart

Lauwarmes Carpaccio

300 g Rinderfilet
50 g Parmesan
½ Bund Rucola
1 EL Zitronensaft
4 EL Olivenöl
grobes Meersalz | Pfeffer
Außerdem
2 EL Buchenmehl
1 TL getrocknete Rosmarinnadeln

Für 4 Personen als Vorspeise
🕐 15 Min. Zubereitung | 1 Std. 20 Min. Ruhen
15 Min. Räuchern
Pro Portion ca. 230 kcal, 20 g EW, 16 g F, 0 g KH

1 Filet aus dem Kühlschrank nehmen, mit Küchenpapier abtupfen und 1 Std. offen trocknen lassen. Wok mit Alufolie auslegen und vorheizen. Buchenmehl und Rosmarin einstreuen, Prallblech und Gitter darübersetzen (s. S. 5). Das Filet auf das Gitter legen, danach den Wok verschließen und auf 70° aufheizen. Das Filet 15 Min. bei konstant 70° räuchern. Mit einer Zange herausnehmen, in Frischhaltefolie wickeln und 20 Min. ruhen lassen.

2 Inzwischen Parmesan in Späne hobeln, Rucola waschen, trocken schütteln und die Stiele abschneiden. Das Filet mit einem sehr scharfen Messer oder einer Aufschnittmaschine vorsichtig in hauchdünne Scheiben schneiden und auf vier vorgewärmten Tellern auslegen. Das Carpaccio mit Zitronensaft und Olivenöl beträufeln, mit Salz und Pfeffer würzen und mit Parmesan und Rucola bestreuen. Sofort mit Focaccia servieren.

oben: Lammkoteletts | unten: Lauwarmes Carpaccio

FLEISCH & GEFLÜGEL

klassisch | argentinisch

Sirloinsteak mit Salsa Chimichurri

Ein echter Klassiker aus Südamerika: neu interpretiert.

1 Sirloinsteak (mindestens 800 g)
2 Kochbananen
Für die Salsa
½ Bund Petersilie
2 Stängel Basilikum
1 Knoblauchzehe
50 ml Weißweinessig
50 ml Maiskeimöl
50 ml Olivenöl
1 TL Rohrohrzucker
½ TL gemahlenes Piment
1 getrocknete Piri-Piri-Schote (ersatzweise Bird's-Eye-Chili, aus dem Asien- oder Bioladen)
Salz
schwarzer Pfeffer
Außerdem
1 Hickory- oder Ahorn-Chunk

Für 4 Personen | 1 Std. Zubereilung
1 Std. Ruhen | 15 Min. Räuchern
Pro Portion ca. 755 kcal, 42 g EW, 51 g F, 27 g KH

1 Das Fleisch aus dem Kühlschrank nehmen, mit Küchenpapier abtupfen und 1 Std. offen trocknen lassen. Inzwischen für die Salsa Petersilie und Basilikum waschen und trocken schütteln. Vom Basilikum ca. 15 Blätter abzupfen. Knoblauch schälen und grob hacken. Kräuter, Knoblauch, Essig, Öle, Zucker, Piment, Piri-Piri, Salz und Pfeffer mixen.

2 Die Kohle für den Kugelgrill vorglühen. Den Grill anschließend mit zwei Zonen vorbereiten, Deckel schließen und auf 125° aufheizen (s. S. 6).

3 Das Steak auf dem Grill über der direkten Hitze 1–2 Min. anbraten. Um 60° drehen, damit ein Grillmuster entsteht und nochmals 1–2 Min. anbraten. Dann wenden, mit Salsa bestreichen und die zweite Seite ebenso grillen. Danach mit Salsa bestreichen. Das Fleisch in die indirekte Hitze legen. Hickory-Chunk auf die Glut legen, Deckel schließen und das Fleisch 10–15 Min. bei 125° räuchern.

4 Das Fleisch mit einer Fleischgabel vom Grill nehmen und 5 Min. ruhen lassen. Inzwischen die Bananen in 1 cm dicke Scheiben schneiden. Die Scheiben auf dem Grill über direkter Hitze in ca. 5 Min. goldbraun grillen. Dabei regelmäßig wenden. Das Steak in 5 mm breite Streifen schneiden. Die Fleischstreifen und Bananenscheiben mit Salsa bepinseln und servieren. Dazu schmecken zum Beispiel gebackene Chilibohnen.

AUSTAUSCH-TIPP

Dieses Rezept können Sie mit jeder Art von Rindersteak, mit Roastbeef und auch mit Filet zubereiten. Wenn Sie keine Kochbananen bekommen, verwenden Sie stattdessen gekochte, halbierte Kartoffeln. In Südamerika wird schon mal beides zusammen serviert. Das Chimichurri passt auch ausgezeichnet zu Lamm, z. B. zu den Koteletts auf Seite 38.

FLEISCH & GEFLÜGEL

köstlich | anspruchsvoll

Entenbrust mit Karamellapfel

Knusprig zarte Entenbrust verbindet sich hier mit feinen Apfel- und Raucharomen.
Dazu harmoniert perfekt eine leichte Cumberlandsauce.

350–400 g Entenbrustfilet mit Haut
60 ml Apfelsaft
5 TL Meersalz
1 EL Butterschmalz
Pfeffer
1 aromatischer Apfel (z. B. Cox Orange,
Jonagold)
1 EL Butter
2 TL Puderzucker
Außerdem
Marinierspritze
1 l-Gefrierbeutel
2 EL Apfelholz- oder Buchenmehl
4 Wacholderbeeren

Für 2 Personen | ⊕ 35 Min. Zubereitung
12 Std. Ruhen | 30 Min. Räuchern
Pro Portion ca. 460 kcal, 34 g EW, 28 g F, 15 g KH

1 Entenbrust waschen und trocken tupfen. Apfelsaft, 100 ml Wasser und Salz verrühren. Die Lake
mit der Marinierspritze im Abstand von 2 cm in das
Entenbrustfilet einspritzen. Das Fleisch in den Gefrierbeutel geben, gut verschließen und über Nacht
im Kühlschrank marinieren.

2 Das Filet herausnehmen, trocken tupfen und
1 Std. offen trocknen lassen. Wok mit Alufolie auslegen und vorheizen. Apfelmehl und Wacholderbeeren einstreuen, Prallblech und Gitter darübersetzen
(s. S. 5). Das Fleisch auf das Gitter legen, danach

den Wok verschließen und auf 100° aufheizen. Den
Herd auf sehr schwache Hitze schalten und das
Fleisch 30 Min. bei fallender Hitze räuchern.

3 Inzwischen den Backofengrill auf 220° (Umluft
200°) vorheizen. Ein Backblech mit Backpapier
belegen. Das Fleisch vom Gitter nehmen und die
Hautseite mit einem scharfen Messer in 5 mm
Abstand rautenförmig einritzen. Butterschmalz in
einer Pfanne erhitzen. Die Entenbrust darin auf
der Hautseite anbraten, bis die Haut kross ist. Aus
der Pfanne nehmen, auf die Fleischseite legen und
5 Min. ruhen lassen, dann pfeffern.

4 Apfel schälen, vierteln und das Kerngehäuse
entfernen. Die Viertel in 3 mm breite Spalten
schneiden und als zwei Fächer auf dem Backblech
anordnen. Die Apfelfächer mit Butterflöckchen
belegen und mit Puderzucker bestäuben. Im Ofen
(oben) in 2–3 Min. goldgelb karamellisieren lassen.
Das Entenbrustfilet in Scheiben schneiden und
portionsweise mit je 1 Apfelfächer anrichten. Mit
Cumberlandsauce (s. S. 64) servieren.

AUSTAUSCH-TIPP

Mit Tee räuchern. Diese Variante gibt der Entenbrust
eine asiatische Note. In vielen Regionen Chinas räuchert
man Ente und auch anderes Geflügel mit Tee. Dafür 2 EL
Schwarztee, 2 TL Reis und 2 TL Zucker mischen und als
Smokgut in den Wok streuen. Servieren Sie diese Entenbrust mit Reis und Sojasauce. Wer mag, aromatisiert die
Sauce noch mit Knoblauch, Ingwer und Chili.

FLEISCH & GEFLÜGEL

luftig | cremig

Feine Entenlebermousse

Entenleber an sich ist schon eine Delikatesse, aber das Räuchern unterstreicht noch ihr zartes Aroma. Die Mousse lässt sich gut vorbereiten, ideal also für Gäste.

500 g Entenleber
3 Blatt weiße Gelatine
2 kleine Stängel Majoran
1 mittelgroße Zwiebel
1 Knoblauchzehe
5 EL Portwein (ersatzweise 2 EL Aceto balsamico)
75 ml Geflügel- oder Gemüsebrühe
2 EL geklärte Butter (ersatzweise Butterschmalz)
1 EL Pökelsalz (NPS)
2 Msp. gemahlene Muskatblüte
schwarzer Pfeffer
Salz
150 g Sahne
1 TL Vanillezucker
Außerdem
2 EL Buchenmehl

Für 4–6 Personen | 🕐 50 Min. Zubereitung
10 Min. Räuchern | 4 Std. Kühlen
Pro Portion ca. 335 kcal, 17 g EW, 26 g F, 6 g KH

1 Die Leber waschen und trocken tupfen. Wok mit Alufolie auslegen und vorheizen. Buchenmehl einstreuen, Prallblech und Gitter darübersetzen (s. S. 5). Die Leber auf das Gitter legen, den Wok verschließen und auf 70° aufheizen. Den Herd ausschalten und die Leber 10 Min. bei fallender Hitze räuchern. Vom Gitter nehmen und abkühlen lassen.

2 Gelatine in kaltem Wasser einweichen. Majoran waschen, trocken schütteln und die Blätter abzupfen. Zwiebel und Knoblauch schälen und fein würfeln. Die Gelatine tropfnass in einem kleinen Topf langsam erwärmen und so auflösen. Portwein und Geflügelbrühe zugießen.

3 In einer Pfanne die Butter erhitzen und Zwiebel, Knoblauch und Majoran darin andünsten. Die Leber 30 Sek. darin anbraten. Den Pfanneninhalt mit Gelatinemischung, Pökelsalz, Muskatblüte und ½ TL Pfeffer fein pürieren. Das Püree durch ein Sieb in eine Schüssel streichen. Die Schüssel in ein heißes Wasserbad setzen und das Leberpüree unter Rühren auf ca. 75° erwärmen. Das Püree aus dem Wasserbad nehmen, mit Salz und Pfeffer abschmecken und abkühlen lassen.

4 Sahne mit Vanillezucker steif schlagen und unter das Leberpüree heben. Die Masse in eine Schüssel füllen und abgedeckt 4 Std. kühl stellen. Zum Servieren von der Mousse mit einem nassen Esslöffel Nocken abstechen und portionsweise mit einem Löffel Himbeersauce (s. S. 64) anrichten.

UND DAZU?

Servieren Sie die Mousse mit knusprigem Brot und frischen Salaten nach Saison als kleine Vorspeise oder auch mal als leichtes Abendessen.

FLEISCH & GEFLÜGEL

einfach | zart

Warmgeräucherte Hähnchenkeulen

1 Möhre | 1 Zwiebel
¼ Sellerieknolle | 1 Lorbeerblatt
1 Zweig Thymian
8 Pfefferkörner
1 Gewürznelke
6 Pimentkörner
1 EL Zucker
6 TL Pökelsalz (NPS)
4 Hähnchenkeulen (ca. 1 kg)
Außerdem
2 EL Buchenspäne

Für 4 Personen | 15 Min. Zubereitung
40 Min. Garen | 20 Min. Räuchern
Pro Portion ca. 325 kcal, 34 g EW, 21 g F, 0 g KH

1 Möhre putzen und dünn schälen. Zwiebel schälen und halbieren. Sellerie schälen und in kleine Stücke schneiden. Gemüse, Lorbeer, Thymian, Pfeffer, Nelke, Piment und ½ l Wasser aufkochen. Zucker und Pökelsalz darin auflösen. Hähnchenkeulen waschen, in den Sud legen und je nach Dicke ca. 40 Min. garen. Herausnehmen, auf ein Gitter legen und 10 Min. offen trocknen lassen.

2 Inzwischen Wok mit Alufolie auslegen und vorheizen. Buchenspäne einstreuen, Prallblech und Gitter darübersetzen (s. S. 5). Die Keulen auf das Gitter legen, danach den Wok verschließen und auf 70° aufheizen. Die Keulen 20 Min. bei konstant 70° räuchern, bis sich die Haut zartgolden färbt. Noch warm und frisch aus dem Rauch zu Krautgerichten und Kartoffeln oder kalt servieren.

würzig | aus der Hand

Chickenwings

1,5 kg Hähnchenflügel | ½ Zitrone
2 Knoblauchzehen | 2 TL Salz
1 TL Majoranblätter | 1 TL Pfeffer
1 TL brauner Zucker | 2 EL Olivenöl
Außerdem
1 Apfelholz-Chunk

Für 4 Personen | 50 Min. Zubereitung
5 Min. Grillen | 35 Min. Räuchern
Pro Portion ca. 460 kcal, 36 g EW, 32 g F, 6 g KH

1 Die Kohle für den Kugelgrill vorglühen. Den Grill anschließend mit zwei Zonen vorbereiten, Deckel schließen und auf 180° aufheizen (s. S. 6).

2 Die Hähnchenflügel waschen und trocken tupfen. Auf dem Grill über der direkten Hitze in ca. 5 Min. zartgolden grillen. Vom Rost nehmen, in eine Schüssel geben und beiseitestellen. Die Zitrone auspressen. Knoblauch schälen, hacken und zum Saft geben. Salz, Majoran, Pfeffer, Zucker und Öl unterrühren. Das Würzöl über die Hähnchenflügel gießen und gut untermischen.

3 Die Hähnchenflügel in die indirekte Hitze legen. Apfelholz-Chunk auf die Glut legen, Deckel schließen und das Fleisch 35 Min. bei 180° räuchern. Als Fingerfood servieren.

UND DAZU?
Ein Gorgonzoladip macht das Fingerfood perfekt. Dafür 1 kleine Knoblauchzehe schälen und durch die Knoblauchpresse drücken. Mit 2 EL Mayonnaise, 2 EL Milch, 50 g Schmand, 50 g Gorgonzola und etwas Salz verrühren.

Veggies aus dem Rauch

Etwas ausgefallener, aber ebenso verführerisch schmecken Käse, knackiges Gemüse und frische Früchte mit zartem Raucharoma. Probieren Sie mal unsere vegetarischen Köstlichkeiten, Sie werden begeistert sein. Von Käsegerichten über Gemüse bis hin zu feinen Desserts finden Sie in diesem Kapitel kleine und größere Leckerbissen.

Feuriger Schafskäse

Olivenöl
4 Scheiben Schafskäse (à 200 g)
1 rote Zwiebel | 2 scharfe rote Chilischoten
4 eingelegte rote Chilischoten (aus dem Glas)
4 kleine Stängel Oregano (ersatzweise Minze)
2 Bananenblätter (aus dem Asienladen,
ersatzweise 4 Bögen Alufolie)
½ TL gestoßener Pfeffer
Außerdem
Alu-Einwegschale | Rouladennadeln
2 EL Buchen-Chips | 6 Wacholderbeeren

Für 4 Personen | ⏱ 45 Min. Zubereitung
10 Min. Räuchern | 10 Min. Grillen
Pro Portion ca. 500 kcal, 34 g EW, 40 g F, 1 g KH

1 Buchen-Chips 30 Min. in Wasser einweichen.
Die Kohle für den Kugelgrill vorglühen. Den Grill
anschließend mit zwei Zonen vorbereiten, Deckel
schließen und auf 110° aufheizen (s. S. 6). Aus
Buchen-Chips und Wacholder ein Rauchpäckchen
packen (s. S. 7) und auf die Glut legen. Die Aluschale mit Öl bepinseln. Den Käse hineinlegen und über
die indirekte Hitze stellen. Den Deckel schließen
und den Käse 10 Min. räuchern.

2 Zwiebel schälen und in Ringe schneiden. Frische
Chilis längs halbieren, entkernen und die Hälften
waschen. Eingelegte Chilis abtropfen lassen. Oregano waschen und trocken schütteln. Bananenblätter
in 4 Stücke schneiden und mit Öl bepinseln.

3 Den Käse vom Grill nehmen. Die Käsescheiben
jeweils in die Mitte der Bananenblätter legen. Zwie-
belringe, frische und eingelegte Chilis, Oregano
und Pfeffer darauf verteilen. Mit je 1 EL Öl beträufeln. Blätter zusammenfalten und mit Rouladenna-
deln fixieren. Am Zonenübergang auf den Grillrost
legen, Deckel schließen und 10 Min. grillen.

VEGGIES AUS DEM RAUCH

einfach | würzig

Käse im Pfeffermantel

250 g Butterkäse am Stück
3 TL bunte Pfefferkörner | 1 ½ TL Salz
½ TL gemahlener Kreuzkümmel
½ TL edelsüßes Paprikapulver
1 EL weiche Butter
Außerdem
2 EL Buchenmehl | 1 TL Tannenmehl
einige getrocknete Wacholdernadeln

Für 4 Personen als Vorspeise
🕐 30 Min. Zubereitung | 20 Min. Räuchern
Pro Portion ca. 255 kcal, 11 g EW, 24 g F, 0 g KH

1 Wok mit Alufolie auslegen und vorheizen. Holzmehl und Wacholder einstreuen, Prallblech und
Gitter darübersetzen (s. S. 5). Käse auf das Gitter
legen, danach den Wok verschließen und auf 50°
aufheizen. Den Käse 10 Min. bei konstant 50° räuchern. Den Herd ausschalten und den Käse noch
10 Min. weiterräuchern. Dann herausnehmen, in
Alufolie wickeln und kalt stellen.

2 Die Pfeffersorten zusammen in einem Mörser
zerstoßen und mit Salz vermengen. Die Mischung
gleichmäßig auf drei Teller verteilen. Eine Portion
mit Kreuzkümmel, eine mit Paprikapulver mischen.

3 Den Käse in drei Stücke teilen. Jeweils eine Seite
mit Butter bestreichen und in eine Pfeffermischung
drücken. Die Stücke in ca. 2 cm große Würfel
schneiden und servieren.

AUSTAUSCH-TIPP
Den Käse zur Abwechslung in Sesam oder Mohn drücken und mal Mozzarella oder Caciocavallo räuchern.

ausgefallen | herzhaft

Räucherkäse-Salat

200 g Emmentaler am Stück
200 g Tilsiter am Stück
2 rote Paprikaschoten
2 Frühlingszwiebeln
2 mittelgroße Essiggurken (aus dem Glas)
3 EL Essig | 4 EL Sonnenblumenöl
½ TL Senf | Zucker | Salz | Pfeffer
je 1 EL Kürbis- und Sonnenblumenkerne
½ Bund Schnittlauch
Außerdem
6 EL Buchenmehl | Alu-Einwegschale

Für 4 Personen als Vorspeise
🕐 45 Min. Zubereitung | 1 Std. Räuchern
Pro Portion ca. 485 kcal, 32 g EW, 37 g F, 5 g KH

1 3–4 Kohlen vorglühen. Buchenmehl in die Aluschale streuen, die Schale auf den Kohlenrost des
Kugelgrills stellen und 2 heiße Kohlen hineinlegen
(s. S. 6). Den Rost einhängen, Käse darauflegen und
den Deckel schließen. Den Käse 1 Std. bei konstant
40° räuchern. Vom Rost nehmen und ca. 10 Min.
abkühlen lassen, bis er schnittfest ist.

2 Paprika halbieren, weiße Trennwände und Kerne
entfernen. Die Hälften waschen und in Streifen
schneiden. Frühlingszwiebeln waschen und putzen.
Mit den Gurken in dünne Scheiben schneiden.
Essig, Öl, Senf, Zucker, Salz und Pfeffer verquirlen.

3 Den Käse in 1 cm große Würfel schneiden. Mit
Paprika, Zwiebeln, Gurken und Vinaigrette in einer
Schüssel mischen. Kerne in einer beschichteten
Pfanne ohne Fett anrösten. Schnittlauch waschen,
trocken schütteln und in Röllchen schneiden. Kerne
und Schnittlauch auf den Salat streuen.

VEGGIES AUS DEM RAUCH

pikant | cremig

Paprikaschoten mit Frischkäsecreme

Cremig-scharfer Käse, zart-süße Paprika und fruchtige Orange ergänzen sich zu einem einmaligen, unwiderstehlichen Genuss.

8 kleine Spitzpaprikaschoten
150 g Butterkäse am Stück
150 g Frischkäse
50 ml Milch
½ TL edelsüßes Paprikapulver
1 Msp. scharfes Paprikapulver
½ Msp. geriebene Muskatnuss
Salz | Pfeffer
1 TL Schnittlauchröllchen (frisch oder TK)
1 EL Olivenöl
2 EL Orangensaft
2 Msp. abgeriebene Schale von 1 Bio-Orange
3 EL ungesalzene Pistazienkerne
Außerdem
3 l-Gefrierbeutel
2 EL getrocknete Rosmarinnadeln

Für 4 Personen
◎ 1 Std. Zubereitung | 10 Min. Räuchern
Pro Portion ca. 305 kcal, 15 g EW, 23 g F, 8 g KH

1 Die Kohle für den Kugelgrill vorglühen. Den Grill anschließend mit zwei Zonen vorbereiten, Deckel schließen und auf 135° aufheizen (s. S. 6).

2 Paprikaschoten am Stielansatz rundum einschneiden (Bild 1). Den Stiel mit Samenstand herausziehen und eventuell verbliebene Samen entfernen. Die Schoten waschen.

3 Die Paprikaschoten über die direkte Hitze legen und rösten, bis die Haut rundum schwarze Blasen

wirft (Bild 2). Rosmarin in Alufolie wickeln, das Päckchen mehrmals einstechen und auf die Glut legen. Die Paprika mit einer Zange über die indirekte Hitze setzen, den Grilldeckel schließen und die Paprika 10 Min. bei 135° räuchern. Vom Grill nehmen, in den Gefrierbeutel geben, diesen verschließen und 10 Min. ruhen lassen.

4 Inzwischen Butterkäse fein reiben. Butterkäse, Frischkäse, Milch, Paprikapulver, Muskat, Salz und Pfeffer nach Belieben pürieren. Schnittlauch unterrühren. Die Schoten aus dem Beutel nehmen und die Haut abziehen, Reste mit Küchenpapier abreiben (Bild 3). Die Käsecreme in einen Spritzbeutel mit großer Sterntülle füllen und locker in die Paprikaschoten spritzen. Dabei die Tülle langsam und vorsichtig herausziehen (Bild 4).

5 Öl, Orangensaft und -schale verrühren, salzen. Die Pistazien in einer beschichteten Pfanne ohne Fett anrösten. Etwas abkühlen lassen und hacken. Die gefüllten Paprikaschoten auf einer Platte anrichten. Mit Orangenöl beträufelt und mit Pistazien bestreut servieren (Bild 5).

VARIANTE
Verschiedene Paprikasorten sorgen für mehr Farbe. Lecker schmecken auch kleine Peperoni. Diese ebenfalls 10 Min. räuchern und samt Haut befüllen. Die Käsecreme können Sie statt mit den verwendeten Gewürzen auch mit Knoblauch und Kräutern würzen.

außergewöhnlich | delikat
Geräucherter Spargel

500 g weißer Spargel | Salz | Zucker | 1 EL Schwarztee | ½ Zitrone | 1 EL Öl | Chilipulver

Für 4 Personen als Beilage
30 Min. Zubereitung | 10 Min. Räuchern
Pro Portion ca. 45 kcal, 2 g EW, 3 g F, 3 g KH

1 Spargel waschen, schälen und holzige Enden abschneiden. In einem weiten Topf ½ l Wasser mit je 1 TL Salz und Zucker aufkochen. Die Stangen hineingeben und in 10–15 Min. bissfest kochen.

2 Wok mit Alufolie auslegen und vorheizen. Tee einstreuen, Prallblech und Gitter darübersetzen (s. S. 5). Den Spargel aus dem Topf heben und abtropfen lassen. Die Stangen nebeneinander auf das Gitter legen, den Wok verschließen und auf 70° aufheizen. Den Spargel 10 Min. bei konstant 70° räuchern. Vom Gitter nehmen und halbieren. Zitrone auspressen, den Saft mit Öl verquirlen. Den Spargel darin wenden. Mit Salz, Zucker und Chilipulver abschmecken.

einfach | lecker
Grillgeräucherte Zwiebeln

3 Zwiebeln | 1 Knoblauchknolle | 5 Schalotten | 2 Bund Frühlingszwiebeln | 1 Ahorn-Chunk

Für 4 Personen als Beilage
1 Std. 10 Min. Zubereitung | 15 Min. Räuchern
Pro Portion ca. 45 kcal, 3 g EW, 1 g F, 7 g KH

1 Die Kohle für den Kugelgrill vorglühen. Den Grill anschließend mit zwei Zonen vorbereiten, Deckel schließen und auf 180° aufheizen (s. S. 6).

2 Zwiebeln schälen und vierteln. Knoblauchknolle samt Schale quer durchschneiden. Beides mit den Schnittflächen über die Glut legen. Schalotten dazulegen. Alles 5 Min. grillen, dann über die indirekte Hitze legen. Frühlingszwiebeln waschen. Direkt grillen, bis die Hüllblätter dunkel werden. Vom Grill nehmen, Hüllblätter abziehen.

3 Chunk auf die Glut legen, Deckel schließen. Das Gemüse 15 Min. bei konstant 180° räuchern. Vom Rost nehmen, Schalotten und Knoblauch aus der Schale drücken. Mit Salvitxada servieren.

cremig | orientalisch

Babaganoush

2 mittelgroße Auberginen | 1 kleine Knoblauchzehe | 120 g Joghurt | 50 g helles Tahin (Sesampaste) | 1 EL Olivenöl | 1 EL Zitronensaft | Salz | Pfeffer | 2 Buchen-Chunks

Für 4 Personen als Dip
1 Std. 10 Min. Zubereitung | 20 Min. Räuchern
Pro Portion ca. 160 kcal, 6 g EW, 11 g F, 7 g KH

1 Die Kohle für den Kugelgrill vorglühen. Den Grill mit einer Zone vorbereiten, Deckel schließen und auf 200° aufheizen (s. S. 6). Auberginen waschen, mehrmals mit einer Gabel einstechen und auf den Rost legen. Chunks auf die Glut legen, Deckel schließen. Die Auberginen unter Wenden dunkel grillen. Vom Rost nehmen und 10 Min. ruhen lassen.

2 Die Auberginen längs halbieren, das Fruchtfleisch herauslösen und in eine Schüssel geben. Knoblauch schälen und dazupressen. Joghurt, Tahin, Öl und Zitronensaft unterrühren. Mit Salz und Pfeffer abschmecken.

einfach | mediterran

Überbackene Zucchini

500 g Zucchini | 400 g passierte Tomaten (Dose) | 1 TL Zucker | 2 TL Salz | 2 TL Olivenöl | 1 Ei | 250 g Mozzarella | 50 g Parmesan | 1 Apfelholz-Chunk

Für 4 Personen
1 Std. 10 Min. Zubereitung | 30 Min. Räuchern
Pro Portion ca. 275 kcal, 19 g EW, 19 g F, 6 g KH

1 Die Kohle für den Kugelgrill vorglühen. Den Grill anschließend mit zwei Zonen vorbereiten, Deckel schließen und auf 180° aufheizen (s. S. 6).

2 Zucchini waschen und längs in 3 mm dicke Scheiben schneiden. Diese über direkter Hitze goldgelb grillen. Vom Rost nehmen und beiseitestellen. Tomaten, Zucker, Salz und Öl verrühren. Ei verquirlen, Käse raspeln.

3 Sauce, Zucchini, Käse und Ei abwechselnd in eine Auflaufform schichten. Den Auflauf über die indirekte Hitze stellen. Chunk in die Glut legen, Deckel schließen und 30 Min. bei 180° backen.

VEGGIES AUS DEM RAUCH

einfach | herbstlich

Kürbis mit Zimtbutter

½ TL gemahlener Kardamom
2 EL Zucker | 1 TL Vanillezucker
1 Hokkaido-Kürbis (ca. 1 kg)
2 EL Olivenöl | Salz
1 Bio-Orange | 50 g weiche Butter
2 Msp. Zimtpulver | Zucker | 1 Msp. Chilipulver
Außerdem
2 EL Birnenholz- oder Buchenmehl

Für 4 Personen | ⊚ 40 Min. Zubereitung
15 Min. Backen | 10 Min. Räuchern
Pro Portion ca. 230 kcal, 2 g EW, 16 g F, 20 g KH

1 Backofen auf 200° (keine Umluft) vorheizen. Kardamom, Zucker und Vanillezucker mischen. Kürbis halbieren und die Kerne herausschaben. Die Hälften nach Belieben schälen und in 4 cm breite Spalten schneiden. Diese mit Öl bepinseln, mit der Würzmischung und etwas Salz bestreuen. Im Ofen (Mitte) in 15–20 Min. goldbraun backen. Herausnehmen.

2 Wok mit Alufolie auslegen und vorheizen. Holzmehl einstreuen, Prallblech und Gitter darübersetzen (s. S. 5). Kürbisspalten auf das Gitter legen, Wok verschließen und auf 90° aufheizen. Dann den Herd ausschalten und den Kürbis bei fallender Hitze 10 Min. räuchern.

3 Orange heiß abwaschen und trocknen. Die Hälfte der Schale abreiben, die zweite Hälfte mit einem Zestenreißer abziehen. Die Frucht dick schälen und die Filets zwischen den Trennhäutchen herauslösen. Butter, Orangenschale, Zimt, 1 Prise Zucker, Salz und Chilipulver verkneten. Den Kürbis auf vier Teller verteilen. Mit Zimtbutterflocken, Orangenfilets und -zesten anrichten. Dazu passt ein herbstlicher Salat.

säuerlich | herb

Grillgeräuchertes Gemüse

1 Aubergine | 1 Zucchino
1 Chicorée | 8 kleine Champignons
1 Knoblauchzehe
3 EL Olivenöl | 4 EL Aceto balsamico
Salz | Pfeffer
3 Frühlingszwiebeln
1 TL Kapern (aus dem Glas)
1 Handvoll Basilikumblätter
Außerdem
1 Tannen- oder Wacholderholz-Chunk

Für 4 Personen als Beilage
⊚ 1 Std. Zubereitung | 10 Min. Räuchern
Pro Portion ca. 115 kcal, 3 g EW, 8 g F, 7 g KH

1 Die Kohle für den Kugelgrill vorglühen. Den Grill anschließend mit zwei Zonen vorbereiten, Deckel schließen und auf 180° aufheizen (s. S. 6).

2 Aubergine, Zucchino und Chicorée waschen und putzen. Alles längs in 4 mm dicke Scheiben schneiden. Pilze putzen und halbieren. Die Gemüse über der direkten Hitze von beiden Seiten goldgelb grillen. Dann über die indirekte Hitze legen. Chunk auf die Glut legen, Deckel schließen und die Gemüse 10 Min. räuchern. Auf eine Platte legen.

3 Knoblauch schälen und hacken. Eine kleine Pfanne über der direkten Hitze erwärmen. Den Knoblauch mit 1 EL Öl darin weich dünsten. Mit Essig ablöschen. Den Sud und das restliche Öl über das Gemüse träufeln. Mit Salz und Pfeffer abschmecken. Frühlingszwiebeln waschen, putzen und in Ringe schneiden. Mit Kapern und Basilikum auf das Grillgemüse streuen.

oben: Kürbis mit Zimtbutter | unten: Grillgeräuchertes Gemüse

sommerlich | erfrischend

Pfirsich Melba

2 reife Weinberg- oder weiße Pfirsiche
250 ml Vanilleeis | 2 EL Butter
4 Blätter Filoteig (aus dem Kühlregal,
ersatzweise Strudelteig)
125 g Himbeeren
4 EL Puderzucker | 2 TL Zitronensaft
1 EL flüssiger Honig
4 Blätter Zitronenmelisse
Außerdem
4 Souffléförmchen (ca. 10 cm Ø)
½ TL Kiefernharz (aus der Apotheke)

Für 4 Personen | 🕐 30 Min. Zubereitung
7 Min. Backen | 10 Min. Räuchern
Pro Portion 310 kcal, 1 g EW, 11 g F, 30 g KH

1 Pfirsiche halbieren, entkernen und häuten. Wok mit Alufolie auslegen und vorheizen. Harz einstreuen, Prallblech und Gitter darübersetzen (s. S. 5). Pfirsichhälften mit der Schnittfläche auf das Gitter legen, Wok verschließen und auf 70° aufheizen. Die Pfirsiche 10 Min. bei konstant 70° räuchern.

2 Eis antauen lassen. Backofen auf 180° (Umluft 160°) vorheizen, Förmchen buttern. Aus dem Filoteig vier Kreise (ca. 18 cm Ø) schneiden. Förmchen damit auskleiden und im Ofen (Mitte) 7 Min. backen.

3 Himbeeren verlesen und 12 schöne Früchte beiseitelegen. Die übrigen Beeren mit Puderzucker und Zitronensaft durch ein Sieb streichen. Die Körbchen auf vier Teller setzen und je 1 Kugel Vanilleeis hineinlegen. Die Pfirsiche aufs Eis setzen und mit Honig bestreichen. Mit Himbeersauce beträufeln und mit den restlichen Himbeeren und Zitronenmelisse dekorieren. Sofort servieren.

herbstlich | fruchtig

Zimtzwetschgen mit Walnusseis

250 ml Walnusseis
250 g Zwetschgen
1 EL Butter
2 TL brauner Zucker
½ TL Zimt
4 cl Orangenlikör (z. B. Grand Marnier,
ersatzweise Orangensaft)
1 Gewürzspekulatius (ohne Mandeln,
ersatzweise Butterkeks)
Außerdem
1 TL getrocknete Rosmarinnadeln

Für 4 Personen
🕐 10 Min. Zubereitung | 10 Min. Räuchern
Pro Portion ca. 230 kcal, 34 g EW, 11 g F, 30 g KH

1 Das Eis kurz antauen lassen. Die Zwetschgen waschen, halbieren und entkernen.

2 Wok mit Alufolie auslegen und vorheizen. Rosmarinnadeln einstreuen, Prallblech und Gitter darübersetzen (s. S. 5). Die Zwetschgen auf das Gitter legen, danach den Wok verschließen. Die Zwetschgen 10 Min. bei konstant 70° räuchern.

3 Die Zwetschgen vom Gitter nehmen. Butter und Zucker in einer Pfanne bei mittlerer Hitze hellbraun karamellisieren. Zwetschgen und Zimt zugeben und 2 Min. im Karamell schwenken. Mit Likör ablöschen.

4 Vier große Eiskugeln auf vier Dessertteller setzen. Die Zwetschgen portionsweise um die Eiskugeln anrichten. Keks grob zerbrechen und darüberstreuen. Sofort servieren.

oben: Pfirsich Melba | unten: Zimtzwetschgen mit Walnusseis

REGISTER

Zum Gebrauch

Damit Sie Rezepte mit bestimmten Zutaten noch schneller finden können, stehen in diesem Register zusätzlich auch beliebte Zutaten wie **Käse** und **Gemüse** – ebenfalls alphabetisch geordnet und **hervorgehoben** – über den entsprechenden Rezepten.

A

Apfel: Entenbrust mit Karamellapfel 42
Apfel-Meerrettich-Suppe 23
Auberginen
    Babaganoush 55
    Grillgeräuchertes Gemüse 56
Avocado: Gambas mit Guacamole 20

B

Babaganoush 55
Birne: Zanderfilet mit Birne 24
Burgunderschinken 30
Butter
    Gewürz-Makrele mit Vanille-Zwiebel-Butter 16
    Kürbis mit Zimtbutter 56

C/D

Carpaccio: Lauwarmes Carpaccio 38
Chickenwings 46
Cumberlandsauce 64
Dips
    Babaganoush 55
    Gorgonzoladip 46

E

Eis
    Pfirsich Melba 58
    Zimtzwetschgen mit Walnusseis 58
Entenbrust mit Karamellapfel 42
Entenleber: Feine Entenlebermousse 44
Entschleimen (Zutaten) 8

F

Feine Entenlebermousse 44
Fenchel: Kabeljau mit Fenchelsalat 14
Feuriger Schafskäse 49
Fisch
    Fisch (Zutaten) 8
    Gebeiztes Lachsfilet 11
    Gebeiztes Thunfischfilet 12
    Gewürz-Makrele mit Vanille-Zwiebel-Butter 16
    Golden geräucherte Forelle 23
    Kabeljau mit Fenchelsalat 14
    Karpfenfilets mit Ingwer 24
    Saibling aus dem Rauch 26
    Wacholder-Schollen 14
    Zanderfilet mit Birne 24
Fleisch
    Burgunderschinken 30
    Fleisch (Zutaten) 8
    Geräucherter Backschinken 29
    Knusperkasseler 30
    Lammkoteletts 38
    Lauwarmes Carpaccio 38
    Maurische Spieße 36
    Sirloinsteak mit Salsa Chimichurri 40
    Spareribs 32
Fleischthermometer (Gerätekunde) 4
Forelle: Golden geräucherte Forelle 23

G/H

Gambas mit Guacamole 20
Gebeiztes Lachsfilet 11
Gebeiztes Thunfischfilet 12
Geflügel
    Chickenwings 46
    Entenbrust mit Karamellapfel 42
    Feine Entenlebermousse 44
    Warmgeräucherte Hähnchenkeulen 46
Gemüse
    Babaganoush 55
    Gemüse (Zutaten) 8
    Geräucherter Spargel 54
    Grillgeräucherte Zwiebeln 54
    Grillgeräuchertes Gemüse 56
    Kürbis mit Zimtbutter 56
    Überbackene Zucchini 55
Geräucherte Scampi 20
Geräucherter Backschinken 29
Geräucherter Spargel 54
Gewürz-Makrele mit Vanille-Zwiebel-Butter 16
Golden geräucherte Forelle 23
Gorgonzoladip 46
Grillgeräucherte Zwiebeln 54
Grillgeräuchertes Gemüse 56
Grünschalenmuscheln mit Salsa verde 18
Guacamole: Gambas mit Guacamole 20
Gurken: Kartoffel-Gurken-Salat 26

H

Hähnchen
    Chickenwings 46
    Warmgeräucherte Hähnchenkeulen 46
Himbeersauce 64

REGISTER

K

Kabeljau mit Fenchelsalat 14
Karpfenfilets mit Ingwer 24
Kartoffel-Gurken-Salat 26
Käse im Pfeffermantel 50
Käse
  Feuriger Schafskäse 49
  Gorgonzoladip 46
  Paprikaschoten mit Frisch-
  käsecreme 52
  Räucherkäse-Salat 50
Knusperkasseler 30
Kürbis mit Zimtbutter 56

L

Lachs: Gebeiztes Lachsfilet 11
Lammkoteletts 38
Lauwarmes Carpaccio 38

M

Makrele: Gewürz-Makrele mit
  Vanille-Zwiebel-Butter 16
Maurische Spieße 36
Meeresfrüchte
  Gambas mit Guacamole 20
  Geräucherte Scampi 20
  Grünschalenmuscheln mit Salsa
  verde 18
Meerrettich: Apfel-Meerrettich-
  Suppe 23
Meersalz (Zutaten) 9
Merguez 35
Mollica 12
Muscheln: Grünschalenmuscheln
  mit Salsa verde 18

O/P

Obst
  Obst (Zutaten) 8
  Pfirsich Melba 58
  Zimtzwetschgen mit
  Walnusseis 58
Paprikaschoten mit Frisch-
  käsecreme 52
Pfirsich Melba 58
Pökelsalz (Zutaten) 9

Q/R

Quittensauce 64
Räucherkäse-Salat 50

S

Saibling aus dem Rauch 26
Salat
  Kabeljau mit Fenchelsalat 14
  Kartoffel-Gurken-Salat 26
  Maurische Spieße 36
  Räucherkäse-Salat 50
Salsa Chimichurri 40
Salsa verde 18
Salzungsarten (Zutaten) 9
Saucen
  Cumberlandsauce 64
  Gambas mit Guacamole 20
  Himbeersauce 64
  Quittensauce 64
  Salsa Chimichurri 40
  Salsa verde 18
Scampi: Geräucherte Scampi 20
Schinken
  Burgunderschinken 30
  Geräucherter Backschinken 29
Schollen: Wacholder-Schollen 14
Sirloinsteak mit Salsa
  Chimichurri 40
Spareribs 32
Spargel: Geräucherter Spargel 54
Suppe: Apfel-Meerrettich-Suppe 23

T/U

Thunfisch: Gebeiztes
  Thunfischfilet 12
Überbackene Zucchini 55

W

Wacholder-Schollen 14
Warmgeräucherte Hähnchen-
  keulen 46
Würstchen
  Würstchen Krajner Art 36
  Merguez 35

Z

Zanderfilet mit Birne 24
Zimtzwetschgen mit Walnusseis 58
Zonen einteilen (Gerätekunde) 6
Zucchini: Überbackene Zucchini 55
Zwiebeln: Grillgeräucherte
  Zwiebeln 54

IMPRESSUM

Unsere Garantie
Alle Informationen in diesem Ratgeber sind sorgfältig und gewissenhaft geprüft. Sollte dennoch einmal ein Fehler enthalten sein, schicken Sie uns das Buch mit dem entsprechenden Hinweis an unseren Leserservice zurück. Wir tauschen Ihnen den GU-Ratgeber gegen einen anderen zum gleichen oder ähnlichen Thema um.

Liebe Leserin und lieber Leser,
wir freuen uns, dass Sie sich für ein GU-Buch entschieden haben. Mit Ihrem Kauf setzen Sie auf die Qualität, Kompetenz und Aktualität unserer Ratgeber. Dafür sagen wir Danke! Wir wollen als führender Ratgeberverlag noch besser werden. Daher ist uns Ihre Meinung wichtig. Bitte senden Sie uns Ihre Anregungen, Ihre Kritik oder Ihr Lob zu unseren Büchern. Haben Sie Fragen oder benötigen Sie weiteren Rat zum Thema? Wir freuen uns auf Ihre Nachricht!

Wir sind für Sie da!
Montag–Donnerstag: 8.00–18.00 Uhr;
Freitag: 8.00–16.00 Uhr
Tel.: 0800-7237333   (kostenfreie
Fax: 0800-5012054   Servicenummern)
E-Mail:
leserservice@graefe-und-unzer.de

P.S.: Wollen Sie noch mehr Aktuelles von GU wissen, dann abonnieren Sie doch unseren kostenlosen GU-Online-Newsletter und/oder unsere kostenlosen Kundenmagazine.

GRÄFE UND UNZER VERLAG
Leserservice
Postfach 86 03 13
81630 München

© 2013
GRÄFE UND UNZER VERLAG GmbH, München

Alle Rechte vorbehalten. Nachdruck, auch auszugsweise, sowie die Verbreitung durch Film, Funk, Fernsehen und Internet, durch fotomechanische Wiedergabe, Tonträger und Datenverarbeitungssysteme jeglicher Art nur mit schriftlicher Genehmigung des Verlages.

Projektleitung: Monika Bachmeier
Lektorat: Petra Teetz
Korrektorat: Mischa Gallé
Layout, Typografie und Umschlaggestaltung:
independent Medien-Design, Horst Moser, München
Satz: Liebl Satz+Grafik, Emmering
Herstellung: Sigrid Frank
Reproduktion: Repro Ludwig, Zell am See
Gesamtherstellung: Firmengruppe APPL, aprinta druck, Wemding
Syndication:
www.jalag-syndication.de
ISBN 978-3-8338-2889-8
1. Auflage 2013

 www.facebook.com/gu.verlag

Umwelthinweis
Dieses Buch ist auf PEFC-zertifiziertem Papier aus nachhaltiger Waldwirtschaft gedruckt.

Der Autor
Andreas Fritz entdeckte seine Liebe zum Räuchern während seiner Lehrzeit. Mit der Begeisterung fürs Kochen und Backen ist er aber schon groß geworden. Nach einer Ausbildung in einer Metzgerei arbeitete er einige Jahre in der Gastronomie. Diese Herausforderung reichte ihm aber nicht. Im Studium widmete er sich einer weiteren Leidenschaft: den Sprachen. Heute lebt der passionierte Koch mit seiner Frau und seinen zwei Kindern in Tübingen.

Der Fotograf
Jörn Rynio zählt zu seinen Auftraggebern internationale Zeitschriften, namhafte Buchverlage und Werbeagenturen. Mit einer großen Portion Kreativität und appetitanregendem Styling setzt er Food-Spezialitäten stimmungsvoll in Szene. Tatkräftig unterstützt wird der Hamburger Fotograf von Antje Kuthe (Food) und Michaela Suchy (Requisite).

Bildnachweis
Titelfoto: EISING STUDIO · Food Photo & Video / Martina Görlach; alle anderen: Jörn Rynio, Hamburg

Titelbildrezept
Gebeiztes Lachsfilet (S. 11)

Die Temperaturangaben bei Gasherden variieren von Hersteller zu Hersteller. Welche Stufe Ihres Herdes der jeweils angegebenen Temperatur entspricht, entnehmen Sie bitte der Gebrauchsanweisung. Bei Elektroherden können die Backzeiten je nach Herd variieren.

Appetit auf mehr?

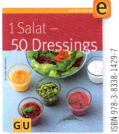 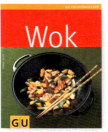 

 Auch als eBook erhältlich.

Mehr von GU auf **www.gu.de** und
facebook.com/gu.verlag

Willkommen im Leben.

Feine Saucen

Mit ihrem fruchtigen Geschmack sind diese Saucen die perfekten Begleiter für frisch geräucherte Köstlichkeiten. Die Rezepte reichen jeweils für vier Personen.

Quittensauce 1 Quitte schälen, vierteln, entkernen und würfeln. 1 kleine Zwiebel schälen und fein würfeln. 1 EL Öl erhitzen und die Zwiebelwürfel darin glasig dünsten. Quitte, 50 ml Weißwein, 50 ml Apfelsaft und 1 EL Melasse (oder Honig) zugeben. 2 Kardamomkapseln und ½ Zimtstange in einen Teebeutel füllen und verschließen. In die Pfanne geben und 30 Min. mitdünsten. Die Gewürze wieder entfernen. 1 TL Speisestärke mit 1 EL Zitronensaft anrühren, zugießen und die Sauce pürieren.

Cumberlandsauce 2 TL Orangeat hacken. Mit 5 EL heißem Rotwein überbrühen. 1 Schalotte schälen und sehr fein würfeln. In 1 TL Butter glasig dünsten. 2 EL Limetten- und 100 ml Orangensaft zugießen. 2 EL Portwein, ½ TL Senf und 2 Scheiben Ingwer zufügen. Mit Salz und Cayennepfeffer würzen und bei mittlerer Hitze sirupartig einkochen lassen. Orangeat und 130 g Johannisbeergelee unterheben, aufkochen und kurz ziehen lassen.

Himbeersauce 100 g Himbeeren mit 4 EL Wasser aufkochen und durch ein Sieb streichen. 1 TL Speisestärke mit 2 EL Portwein (ersatzweise 1 EL Aceto balsamico) anrühren und zum Püree gießen. 1 EL Honig und 1 TL Zitronensaft einrühren und alles kurz aufkochen lassen. Die Sauce mit Salz und Zucker abschmecken.